CONTINUO PRETA

BIANCA SANTANA

Continuo preta

A *vida de Sueli Carneiro*

Copyright © 2021 by Bianca Santana e Sueli Carneiro

Grafia atualizada segundo o Acordo Ortográfico da Língua Portuguesa de 1990, que entrou em vigor no Brasil em 2009.

Capa
Vinicius Theodoro

Foto de capa
Acervo pessoal de Sueli Carneiro

Foto de quarta capa
Bob Wolfenson

Caderno de fotos
Joana Figueiredo

Preparação
Maria Emilia Bender

Revisão
Adriana Bairrada
Ana Maria Barbosa

Dados Internacionais de Catalogação na Publicação (CIP)
(Câmara Brasileira do Livro, SP, Brasil)

Santana, Bianca
 Continuo preta : A vida de Sueli Carneiro / Bianca Santana.
— 1ª ed. — São Paulo : Companhia das Letras, 2021.

 ISBN 978-65-5921-035-0

 1. Carneiro, Sueli, 1950- 2. Escritoras brasileiras – Biografia
3. Feministas negras – Brasil 4. Filósofas – Brasil – Biografia
5. Movimentos sociais – Brasil 6. Mulheres negras – Brasil
7. Mulheres negras – Biografia I. Título.

1-56982	CDD-920.72

Índice para catálogo sistemático:
1. Mulheres negras : Biografia 920.72
Cibele Maria Dias — Bibliotecária — CRB-8/9427

[2021]
Todos os direitos desta edição reservados à
EDITORA SCHWARCZ S.A.
Rua Bandeira Paulista, 702, cj. 32
04532-002 — São Paulo — SP
Telefone: (11) 3707-3500
www.companhiadasletras.com.br
www.blogdacompanhia.com.br
facebook.com/companhiadasletras
instagram.com/companhiadasletras
twitter.com/cialetras

*Às jovens negras dispostas a pegar
o bastão oferecido por Sueli Carneiro*

Sumário

Prólogo, 11

PARTE I: ESCAVAÇÃO, 15

1. Documentos dos antepassados, 17
2. Do diamante ao café, 23
3. José Horácio, 28
4. Eva, 31
5. Filha única na Lapa de Baixo, 38
6. Comunidade operária e consciência racial na Bonilha, 41
7. A menina preta da escola, 46
8. A dureza dos dias, 48
9. Casa de Maricota, 51
10. Sem perspectiva, 54

PARTE II: MOVIMENTO

11. Ganhar a cidade, 61
12. Jacoel, 65
13. Universidade de São Paulo, 69

14. Casamento no Bixiga, 72
15. Clandestinas, 75
16. Velho Chico, 81
17. Irmãs e irmãos Carneiro, 84
18. A casa da Gioconda, 88
19. Ser feminista, 91
20. Movimento negro, 94
21. Lélia Gonzalez, 100
22. Separação, 103
23. Luanda, a prenda, 105
24. Informações do céu, 108
25. A pequena comunidade no Butantã, 110

PARTE III: DISPUTA, 113

26. Duas tentativas de mestrado, 115
27. Busca por sustentação, 120
28. Bloco afro Alafiá, 124
29. Conselho Estadual da
Condição Feminina, 126
30. Filha de Ogum, ekedi de Iansã, 135
31. Conselho Nacional
dos Direitos da Mulher, 137
32. Tribunal Winnie Mandela, 144
33. Cuba, 151
34. I Encontro Nacional de Mulheres Negras, 153
35. Geledés — Instituto da Mulher Negra, 156
36. Racismo: crime inafiançável e imprescritível, 161
37. Programa de Direitos Humanos/ sos Racismo, 164
38. Ameaça skinhead, 173
39. Mamãe dura, 176
40. Matriarcado, 179

PARTE IV: CENTRALIDADE

41. Geledés de muitas soberanas, 183
42. Projeto Rappers e Geração XXI, 188
43. Portal Geledés, 192
44. Mandela, 196
45. Dia Internacional da Mulher Negra Latino-Americana
e Caribenha, 199
46. Conferências da ONU, 202
47. Enfrentar a Globo, 208
48. A misoginia de homens negros, 213
49. Marcha Zumbi dos Palmares contra o Racismo, pela
Cidadania e pela Vida, 216
50. "Entre a esquerda e a direita, sei que continuo preta", 221
51. Durban, 226
52. Posse de Lula, 232
53. Do dispositivo de racialidade, 234
54. Arnaldo Xavier, 241
55. Na Noruega, *koselig*, 243
56. A constitucionalidade das cotas raciais, 247
57. Feminismo enegrecido, 252

Epílogo, 255
Sobre este livro, 261
Agradecimentos, 267
Notas, 271
Créditos das imagens, 281

Prólogo

Na tarde de 29 de maio de 1982, no auditório do Colégio Nossa Senhora de Sion, no bairro rico — e branco — de Higienópolis, em São Paulo, feministas de diferentes grupos e posicionamentos políticos se reuniram. No palco, encenava-se um julgamento; as atrizes Bete Mendes, Dulce Muniz e Silvia Leblon interpretavam uma secretária, uma professora e uma trabalhadora rural, respectivamente. A socióloga Eva Alterman Blay conduzia as intervenções de especialistas como a advogada Zulaiê Cobra Ribeiro e a economista Maria da Conceição Tavares, que estavam entre as participantes daquele Tribunal Bertha Lutz.[1] Todas mulheres brancas.

Bertha Lutz esteve à frente das primeiras entidades de mulheres do país: em 1919, da Liga pela Emancipação Intelectual da Mulher; em 1922, da Federação Brasileira pelo Progresso Feminino e da Aliança Brasileira pelo Sufrágio Feminino. Nascida em São Paulo, em 1894, ela estudou biologia na Europa, mais especificamente na Sorbonne, em Paris, onde se familiarizou com o movimento feminista inglês. De volta ao Brasil, dedicou a vida ao ideário feminista. Foi deputada federal e uma das articuladoras do movimento feminista internacional. Morreu de pneumonia, aos 82 anos, em um asilo do Rio de Janeiro.

Seis anos depois de sua morte, a ativista era homenageada naquele evento que, se valendo da linguagem dos tribunais, pretendia sensibilizar as pessoas para a discriminação de gênero. O tema, escolhido a partir de um fato real, era a mulher e as relações de trabalho. Uma empresa de tecelagem do interior havia demitido uma operária que por cinco anos exercera a função de mestre sem receber o salário adicional correspondente. Da singularidade do caso passava-se à discussão da discriminação de gênero de uma maneira geral. Na Europa, feministas e ativistas dos direitos humanos recorriam ao modelo dos tribunais para dar visibilidade a suas causas. Julgamentos mobilizavam a opinião pública.

O economista Aloizio Mercadante e o publicitário Carlito Maia eram alguns dos jurados que avaliariam a situação da mulher na sociedade brasileira. Havia uma única pessoa negra naquele júri simulado: Abdias do Nascimento.

Abdias do Nascimento[2] é um emblema da luta do movimento negro brasileiro,[3] verdadeiro patrimônio cultural pan-africanista. Ao longo de sua vida, antecipou agendas que só agora começamos a debater. Suas proposições no livro *O genocídio do negro brasileiro*,[4] lançado em 1978, abarcam os fundamentos da questão racial no Brasil e, mais importante, assumem a perspectiva política afrocentrada do quilombismo. Abdias ensinou a pensar preto. E, além de ser um ativista maravilhoso, era ator.

Sueli Carneiro estava no auditório. Naquela época, ela era plateia para os homens do movimento negro e para as brancas do movimento feminista.

Abdias fica em pé, observa os espectadores e vê umas pretinhas aqui e ali, meio dispersas. Olha para um lado, olha para o outro, olha para a frente, olha para trás. E dá início à sua fala, mobilizando sua extraordinária capacidade cênica:

— Tendo em vista que não há nenhuma mulher negra neste júri simulado; tendo em vista que as minhas irmãs não estão aqui representadas, eu, neste momento, me faço cavalo de todas as minhas ancestrais e peço a elas que se incorporem e me iluminem.

E prossegue:

— Porque nós, mulheres negras...

Foi o momento máximo do tribunal, que era para ser um evento das brancas.

— Se as mulheres representam mais da metade da população, as negras representam mais da metade das mulheres brasileiras, e seus problemas são muito maiores que os das mulheres brancas. No entanto, aqui, foi tocado muito timidamente o problema da mulher negra e garanto que, para estarem presentes neste auditório, muitas de vocês deixaram uma negra cuidando dos filhos ou na beirada do fogão.

Ao final do julgamento, Sueli Carneiro beijou a mão de Abdias Nascimento e agradeceu suas palavras, que expressaram tudo o que ela ainda não tinha condições para elaborar:

— Eu prometo que o senhor não vai precisar fazer isso de novo. Não que não seja uma honra ser representada, mas o senhor não vai mais precisar nos representar. Porque nós vamos chegar.

PARTE I: ESCAVAÇÃO

1. Documentos dos antepassados

Sueli Carneiro é filha de uma costureira e de um ferroviário.[1] A mãe, Eva Camargo Alves, nasceu numa família de classe média, em Campinas, a cerca de cem quilômetros de São Paulo, em 1927. O pai, José Horácio Carneiro, nasceu em Rodeiro, naquele tempo parte do município de Ubá, Zona da Mata de Minas Gerais, em 1916, mesmo ano em que foi promulgado o primeiro Código Civil Brasileiro.

Embora a independência do Brasil tenha ocorrido quase cem anos antes, em 1822, e a república tenha sido proclamada em 1889, a legislação portuguesa ainda ditava as regras no país sobre a pessoa, a família e o patrimônio. Mais importante que definir direitos era tipificar crimes. Como se pode ler na tese de doutorado[2] de Sueli Carneiro, tanto o Código Criminal de 1830 quanto o Código Penal de 1890 já elegiam pessoas negras e pobres como alvos prioritários da privação de liberdade. Em sua argumentação, ela desenvolve a noção de um dispositivo de racialidade e aplica ao domínio das relações raciais tanto o conceito de dispositivo quanto o de biopoder, do filósofo francês Michel Foucault.

Os chamados vadios e mendigos, "sem ocupação honesta e útil", do código de 1830 eram, em sua maioria, pessoas negras. Postos de trabalho livre eram criados e quase automaticamente ocupados por imigrantes brancos em detrimento de ex-escravizados, que — sem terra, sem dinheiro, sem escolarização nem trabalho — acabavam vagando pelas ruas. O código de 1890 era ainda mais explícito quanto à discriminação racial: "Fazer nas ruas e praças públicas exercícios de habilidade e destreza corporal conhecidos pela denominação de capoeiragem" constituía crime com pena de prisão entre dois a seis meses. Direitos, mesmo que protegendo mais a propriedade que as pessoas, só foram promulgados no Brasil em 1916, ano de nascimento de José Horácio Carneiro, pai de Sueli.

Nascido e crescido na roça, José Horácio tinha duas irmãs e quatro irmãos. Uma delas, Nadir, de 93 anos de idade, única testemunha viva do passado mineiro da família, diz que a família vivia mudando de fazenda, atrás de trabalho. Geraldo Carneiro, irmão de Sueli, lembra do pai contando que aos dezessete anos fugiu a cavalo da situação de semiescravidão. Os filhos homens de José Horácio — as meninas, não — escutavam as histórias dos adultos que conversavam e bebiam ao redor do poço, na casa da avó Olympia, em São Paulo. Os garotos eram poupados dos detalhes — lembranças de dor eram guardadas a sete chaves.

A criançada nunca ouviu os nomes dos bisavós ou os sobrenomes de quaisquer pessoas. Dos antepassados, sabiam apenas que eram gente da roça, que trabalhava em terras de coronéis durante e depois do tempo da escravidão legal. Talvez por isso, e por sempre terem ouvido que Rui Barbosa havia mandado queimar todos os documentos que registravam as origens de pessoas

18

negras, desenhar uma árvore genealógica não estava no horizonte de ninguém.

Queima de arquivos? Isso mesmo. Em 14 de dezembro de 1890, o então ministro da Fazenda Rui Barbosa assinou um despacho que ordenava a eliminação dos documentos referentes à escravidão, alegando que a república era "obrigada a destruir esses vestígios por honra da pátria e em homenagem aos deveres de fraternidade e solidariedade para com a grande massa de cidadãos que pela abolição do elemento servil entraram na comunhão brasileira".[3] As boas intenções eram pura fachada: dar um fim àqueles documentos tinha mais a ver com o Estado não querer arcar com indenizações a fazendeiros que se sentiam prejudicados pela abolição.

Alguns historiadores sustentam que muitos documentos já haviam sido levados a Portugal antes da Proclamação da República, em 1888. E considerando a extensão e a complexidade do país, é difícil acreditar que todo órgão vinculado à Fazenda teria, de fato, queimado seus registros. Mas ainda que a fogueira tivesse ocorrido, o registro da escravização estava presente em todos os documentos sobre a pessoa escravizada, fosse nas igrejas, dioceses, congregações, ordens, irmandades, santas casas; fosse nos cartórios, tribunais, câmaras e outras instituições repletas de livros à espera das pesquisadoras e pesquisadores que se multiplicam nos estudos sobre a memória e a história de pessoas negras.

A folha 29 de um desses livros amarelados, o de número 1, da Paróquia São Sebastião, de Rodeiro, Minas Gerais, restaurado depois de uma enchente, traz o registro[4] de casamento dos avós paternos de Sueli Carneiro:

> Aos 20 de setembro de um mil novecentos e treze, na Paróquia São Sebastião [...] receberam-se em matrimônio Horácio Gaivota Carneiro e Olympia Luiza Alexandrinha.

Ele com 20 anos de idade. Filho de Maria Gaivota. Ela com 17 anos de idade. Filha de Alexandre Martins da Costa e Luiza Josepha de Araújo.

Sueli nunca tinha ouvido o nome de Maria Gaivota, Alexandre ou Luiza. Tia Nadir tampouco tinha pistas a oferecer. Somente depois que o documento foi encontrado, ao ouvir "Maria Gaivota", seus olhos se iluminaram: "Esse era o nome da minha avó! Maria Gaivota era minha avó".

Nadir lembra de uma mulher velha e de poucas palavras, que cuidara sozinha dos dois filhos, Horácio e Agostino, e da filha Coleta. Quando nova, ela havia trabalhado como empregada doméstica nas casas de fazendeiros. E a avó ria ao lembrar o que ela e uma colega fizeram certa vez, com agulha e linha, ao papagaio que a patroa deixava na cozinha para repetir as conversas das pretas. A única coisa que o bicho repetia depois era: "Cu cosido, sinhá! Cu cosido!". Nadir até hoje sente um gostinho de satisfação pela vingança.

Do avô paterno, a tia nunca ouviu falar. "Minha avó é do tempo dos escravos. Não tinha isso de marido. E os filhos também não falavam de pai", conta. A informação adiantada por ela, de que Maria Gaivota fora uma mulher escravizada, só pôde ser confirmada a muitos quilômetros dali, depois de se conhecer seu local de nascimento na certidão de Horácio, seu filho:

Aos vinte e dois dias do mez de outubro do anno de mil oitocentos e noventa e um, neste distrito de Paz da Parochia de São Januário de Ubá, Município de mesmo nome, Estado de Minas Gerais, compareceu em meu cartório José Bernardino Fernandes e perante as testemunhas: Honório Januario Carneiro e Luiz Gonçalves Fontes, ambos negociantes e residentes nesta Parochia e declarou que no dia dezesseis do corrente mez e anno, às nove horas da noite, no corrego Alegre desta Freguesia, nasceu uma creança do sexo masculino, que deve chamar-se HORÁCIO, filho natural de Maria Gaivotta, cozinheira, residente nesta Freguesia, natural de Grão Mogol, filha legítima de Manoel Gaivotta e sua mulher, esta fallecida.

Não se sabe em que condições nasceu e viveu Maria Gaivota, mas o registro[5] de batismo da bisavó de Sueli Carneiro está na cidade de Grão Mogol, no norte de Minas Gerais:

Maria, parda, nascida a 15 de junho de 1856 no Burity. Filha legítima de Manoel Gaivotta Costa e de Josepha Maria de Jesus.

Padrinho Gonçalo de Azevedo Ferreira
Madrinha Joanna Cardozo de Sá

Pelo documento, pode-se aferir que Maria Gaivota e seu pai, Manoel, saíram de Grão Mogol entre 1856 e 1891. Naquele período, era frequente o fluxo migratório de negras e negros escravizados em direção a Ubá.

HIPÓTESE DA GENEALOGIA DO SOBRENOME CARNEIRO

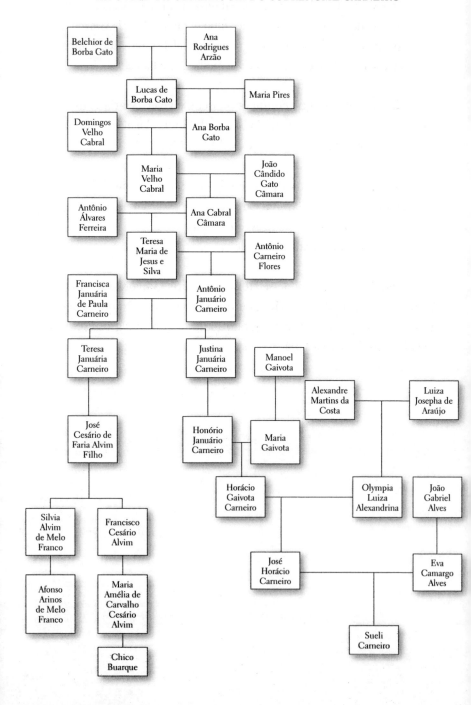

2. Do diamante ao café

A origem do nome Grão Mogol[1] suscita várias interpretações, uma das quais é que seria uma corruptela de "Grande Amargor", dados os inúmeros roubos, trapaças e brigas que ocorriam por lá. Outra versão evoca Babur, fundador do Império Mogol e a quem os portugueses chamavam grão-mogol, que possuía um diamante de 793 quilates, porte comparável às gemas encontradas naquela região de Minas.

Em 1768, a Coroa portuguesa teve notícias da descoberta de diamantes na serra de Santo Antônio de Itacambiraçu, onde mais tarde foi constituído o município de Grão Mogol. A exploração de diamantes na região, ainda que clandestina de meados do século XVII ao início do XIX, mobilizou pessoas livres e escravizadas até a metade do século XIX. Antes de 1850, o povoado chegou a ter 40 mil habitantes. Depois disso, passou à média de 15 mil pessoas, que se mantém até hoje.

Algumas negras e negros enriqueceram com o garimpo e compraram a própria liberdade. Outros resistiram como puderam, inclusive criando quilombos na região. Hoje existem mais de oitenta comunidades quilombolas na bacia do Jequitinhonha. Buriti do Meio, por exemplo, foi fundada por Eusébio Gramacho, um negro que saiu de Grão Mogol e iniciou a comunidade quilombola certificada pela Fundação Palmares em 2004, atualmente com cerca de setecentas pessoas.

Na segunda metade do século XIX, a extração de diamantes na região se tornou inviável, fosse porque a tecnologia disponível não dava conta das dificuldades da operação, fosse porque o dinheiro e a necessidade de mão de obra passaram a se concentrar no café, que se expandia pelo Sudeste. Entre 1855 e 1873, 6562 negras e negros escravizados aportaram em Ubá, provenientes de outras regiões de Minas Gerais. No mesmo período, 261 foram vendidos e por isso saíram de Grão Mogol.[2] Se Maria e Manoel Gaivota fossem livres, como a maior parte da população negra nesse período, dificilmente se deslocariam no fluxo da venda de pessoas escravizadas. A possibilidade de perder a liberdade saindo do território em que eram reconhecidos como forros era grande. Provavelmente eram escravizados em Grão Mogol e, sendo vendidos, foram deslocados para Ubá.

Na certidão de nascimento de Horácio, avô paterno de Sueli, não consta o nome do pai. O sobrenome Carneiro aparece uma única vez, referido a uma das testemunhas. Por que a criança carregaria o nome de uma testemunha de seu nascimento? A hipótese mais óbvia é a de que pessoas escravizadas levavam o sobrenome de seus senhores. Mas, em 1891, três anos depois da assinatura da Lei Áurea, nem Maria nem Horácio eram escravizados, apesar de as relações de servidão permanecerem fortes naquela região até pelo menos a metade do século XX. E a testemunha, Honório Januário Carneiro, ainda que descendente do fundador de Ubá, de família proprietária de terras e também de educandários tradicionais, era comerciante, como se sabe pela certidão e pelo relato de pessoas da região.

Honório era um homem casado. E até 1916 o direito civil brasileiro era regido pelas medievais Ordenações Filipinas, que distinguiam os descendentes legítimos dos ilegítimos.[3] O sacrossanto casamento na Igreja católica era a garantia da legitimidade de um filho. Crianças nascidas fora do matrimônio eclesiástico eram consideradas "frutos do pecado sexual da fornicação" e não podiam ser batizadas ou registradas com o nome do pai. Dentre os ilegítimos, havia ainda a subcategoria espúria dos chamados filhos incestuosos e adulterinos.

Em 1891, um filho nascido de relação extraconjugal seria considerado espúrio, adulterino, e não poderia ser registrado pelo pai, nem mesmo se o pai assim o desejasse. O avô de Sueli, Horácio Carneiro, não poderia, pois, ser registrado como filho de Honório Januário Carneiro, o qual compareceu ao cartório na condição de testemunha.

De Honório, então, viria o sobrenome Carneiro de seu avô Horácio, de seu pai José Horácio, que o legou a Sueli, que o passou a sua filha, Luanda. Como não há pessoa viva que os tenha conhecido, tal hipótese não pode ser confirmada. Ou será que o sinhô, passando em frente ao cartório, generosamente se ofereceu para testemunhar o nascimento de uma criança preta e ainda lhe emprestar o sobrenome? Quem sabe uma exceção à realidade comum nas Minas Gerais e também em São Paulo, conforme José Correia Leite, um dos principais militantes negros de nossa história, nascido na capital paulista em 1900, relatou a Cuti:

> Muitas negras moravam com brancos importantes, mas de forma escondida. Não só no Bixiga, em outras partes também, onde o português predominou. Muitas vezes elas eram prejudicadas quando o sujeito morria. Perdiam os bens que tinham ajudado a

adquirir porque quase sempre não eram casadas. Eu conheci muito caso de indivíduos bem-sucedidos à custa de cozinheiras. Eram mulheres trabalhadoras que não davam a mínima despesa, sequer. Saíam de manhã e voltavam à noite, trazendo coisas (comida, roupa) da casa dos patrões. Ainda havia os favores que seus companheiros precisavam e elas conseguiam. Havia muitos desses casos no Bixiga, que aliás, não foi um bairro só de italiano. Lá morou muito negro também.[4]

O próprio Correia Leite narra seu nascimento à rua 24 de Maio, à época um endereço residencial da pequena São Paulo. A mãe, negra, para poder trabalhar como doméstica deixava-o de casa em casa. Do pai, nada se sabia.

Não é, pois, absurda a hipótese de Horácio Carneiro, avô de Sueli, ter sido filho adulterino — sem direito a herança ou reconhecimento — de Honório Januário Carneiro, neto do capitão--mor Antônio Januário Carneiro, fundador da cidade de Ubá.

Diferentemente do que o sufixo "mor" possa induzir a pensar, capitão-mor estava longe de ser um título pomposo — era atribuído a filhos de alferes, cargo militar abaixo de tenente. A aristocracia, como diz Palmyos Carneiro[5] em sua pesquisa do início do século xx, "se distinguia pelo simples fato de terem a pele branca". A Zona da Mata era uma área proibida durante o ciclo do ouro, considerada zona-tampão pela Coroa portuguesa — vetava-se a abertura de estradas, comércios ou cultivos, pois eles poderiam eventualmente facilitar a entrada de exploradores em busca de ouro. Os portugueses viam com bons olhos o assentamento de puris, coroados, cropós e outros povos indígenas na região, preservando a mata e dificultando a circulação de inimigos do rei.

Com a decadência do ciclo do ouro, brancos pobres começaram a ocupar a Zona da Mata, se tornaram fazendeiros, ergueram capelas, estabeleceram poder civil, militar e vida social na região, exterminando indígenas e escravizando negros. Num tom surpreendentemente crítico, relata Palmyos Carneiro:

> Foi em 1797, com a terra cercada, usurpada dos indígenas e com o trabalho de negros escravizados que começou a surgir o pequeno povoado Aplicação de São Januário de Ubá. A cidade só viria a se instalar em 1857 pelo seu fundador o Capitão Mor Antonio Januário Carneiro, responsável inclusive pela polícia daquela Matta.[6]

O capitão-mor teve dez filhos, cinco homens e cinco mulheres, entre as quais Justina Januária Carneiro e Teresa Januária Carneiro. Justina é mãe de Honório Januário Carneiro,[7] que aparece como testemunha na certidão de nascimento do avô de Sueli. Teresa é mãe de José Cesário de Faria Alvim Filho, personalidade política importante na Primeira República, avô de Afonso Arinos de Melo Franco, autor da lei contra a discriminação racial, de 1951, que leva seu nome. E avô de Maria Amélia de Carvalho Cesário Alvim, mãe de Chico Buarque. Todo Carneiro de Ubá se diz parente distante do artista.

3. José Horácio

Em 1933, aos dezessete anos, José Horácio Carneiro, que aos 34 se tornaria pai de Sueli, deixou a roça. Vivera até então com os pais e os irmãos, mudando de uma propriedade a outra em busca de trabalho — a família passou pelos municípios de Ponte Nova, Raul Soares e Visconde do Rio Branco, cidades vizinhas a Ubá. A Fazenda da Flor Roxa foi a última. Nadir lembra de um tal "crioulo Chico Folozino", morador daquelas terras, que em troca de um pedaço de chão para viver e plantar a própria roça criava gado e administrava as famílias que trabalhavam na propriedade. José Horácio cansou daquela vida análoga à escravidão que perdurava no pós-abolição e caiu no mundo. Viajou 21 estados como trabalhador braçal, até se estabelecer em São Paulo, na metade da década de 1940.

É sabida a intensificação dos fluxos migratórios[1] nesse período da história do Brasil, empreendidos, em sua maioria, por homens jovens, solteiros e negros que tomaram a migração como estratégia de melhora de vida. Como a maior parte deles, José Horácio morava em pensões. Ao chegar a São Paulo, dividiu quarto com Mário, amigo para a vida toda (de cujo sobrenome hoje ninguém mais se lembra), a quem Sueli e os irmãos chamavam de tio, por carinho e proximidade.

Mário era um trabalhador típico, rústico, nada preocupado com as aparências. O oposto do amigo, que prezava pela elegância. Sueli cresceu ouvindo que na mocidade o pai andava sempre com uma gabardina, uma espécie de sobretudo de tecido impermeável, muito bonita e bem cara. Mário gostava de contar que, nas noites frias, enquanto ele estava quentinho embaixo de um bom cobertor, o caboclo na cama ao lado tirintava de frio enrolado na bela capa que lhe consumira todas as economias.

Em São Paulo, José Horácio começou a trabalhar para alguns portugueses, um dos quais o indicou para a Estrada de Ferro Sorocabana. Ferroviário, foi contratado como auxiliar de estação. Exerceu primeiro a função de bilheteiro, passando a chefe de estação, na Lapa, zona oeste da cidade, onde trabalhou por quase trinta anos.

Ferroviários eram trabalhadores livres desde a inauguração das estradas de ferro no Brasil, em 1854.[2] A ferrovia simbolizava certo modelo de desenvolvimento. Os centros do capitalismo que exportavam maquinário e financiavam obras e operações, a Inglaterra, em especial, também exportavam as relações de produção capitalistas. Na Segunda Revolução Industrial, os interesses econômicos ingleses pressionavam pela proibição do trabalho escravo e exigiam mão de obra assalariada, conformando a gênese de um proletariado urbano.

Em todo o mundo os ferroviários constituíam uma classe diferenciada entre os operários. Não só pela dignidade dos uniformes, pela relação com a máquina e a ideia de eficiência e progresso, mas também por serem considerados combativos. Em um momento de transição do mundo rural para o urbano, era pelas ferrovias que transitavam informações, pessoas e bens, um fluxo que ampliava o poder político desses trabalhadores. José Horácio, sindicalizado e com grande consciência e solidariedade de classe, legou aos filhos uma cultura não só mineira como proletária. Ao sair de casa, havia prometido voltar para resgatar cada um de seus irmãos. E cumpriu. Viajava sozinho para a casa paterna e na volta trazia um irmão, a quem abrigava e ajudava a encontrar emprego, engrossando o fluxo migratório Minas-São Paulo. Estudos demográficos mostram como, até a década de 1980, a migração no Sudeste acontecia primordialmente dentro da própria região, com o êxodo rural de mineiros e paulistas para o eixo industrial da região metropolitana da capital. Depois dos irmãos, José Horácio buscou os pais, que não queriam vir para São Paulo de jeito nenhum. Arrumou um emprego de porteiro para o pai, Horácio, filho de Maria Gaivota, que, trabalhador na roça a vida toda, não se conformava que o pagassem para ficar sentado, "sem fazer nada", como dizia.

4. Eva

Eva Camargo Alves nasceu em 1927, em uma família de classe média, em Campinas. Em 1926, a população da cidade somava 122 257 habitantes, dos quais 17 892 eram negros. A mãe de Sueli estava, portanto, entre os 14,64% de negros daquele segundo centro comercial do estado. Fora um município de barões do café conhecidos pela violência a que submetiam negras e negros durante a escravidão. Ser vendido ao cruel Barão de Campinas era, dentre os castigos, um dos piores. E, mesmo depois do 13 de maio de 1888, foram registrados muitos casos em que as relações de trabalho escravo permaneceram.

Da abolição à década de 1920, apesar da ausência de políticas reparatórias e inclusivas, profissionais autônomos e funcionários públicos constituíram uma pequena aristocracia negra em Campinas.[1] Essa elite econômica se reunia em entidades voltadas para o lazer e a assistência social, mas também se organizava politicamente. De 1903 a 1926, diversos periódicos da imprensa negra foram publicados na cidade: o *Baluarte*, entre 1903 e 1904; o *Bandeirante*, em 1910; *O Combate*, em 1912, e títulos meno-

31

res, como *Discípulo, Luiz Gama, Renascença, Raio*. O principal deles, *O Getulino*, circulou entre 1923 e 1926 semanalmente, com tiragem de 1500 exemplares.

Muitas das situações racistas vivenciadas naquele período foram denunciadas em *O Getulino*, da violência policial à interdição de sambas sob o pretexto de evitar conflitos. Mesmo à elite negra não era permitido se reunir em jardins públicos, frequentar restaurantes e cinemas. E os homens eram enxotados das barbearias, ouvindo que tinham cabelo sujo, ruim, duro. Isso tudo está registrado na imprensa local. João Gabriel Alves, avô materno de Sueli, deve ter sido um desses negros de elite que não podiam fazer a barba fora de casa. Ele era tipógrafo, à época profissão de prestígio. Tinha muito dinheiro — na família se dizia que enrolava charuto em nota de quinhentos réis, para jogar na cara daquele mundo branco e racista sua situação confortável economicamente. As tipografias compunham um setor de peso na indústria nascente de Campinas, cuja primeira oficina data de 1842; até o final do século XIX, são três as casas tipográficas campineiras famosas nacionalmente: Genoud, Mascotte e Livro Azul.

No Rio de Janeiro de então, o tipógrafo negro Francisco de Paula Brito foi proprietário de uma das editoras mais importantes do país e recebeu de Pedro II o título de Impressor da Casa Imperial.[2] Figura importante na defesa da liberdade de imprensa e na inserção da questão racial na agenda pública, ele publicou os primeiros periódicos da imprensa negra. Também contribuiu com a literatura, ao editar Gonçalves Dias e José de Alencar. E, o mais importante, foi ele o primeiro editor de Machado de Assis — que, além de negro e nosso maior escritor, também foi tipógrafo.

As oficinas tipográficas se multiplicaram pelo país no início do século XX, e Campinas se destacava naquele cenário. Barbosa foi sócio de uma dessas tipografias que publicavam jornais, livros, cartões de visita, postais e toda sorte de material impresso. A situação da família era mais do que estável e a filha Eva estudava em escola privada. Mas os detalhes não entravam nas memórias partilhadas por Eva nas conversas de família. Nem ela nem os irmãos tomaram conhecimento do nome ou endereço da tipografia do avô, nem da escola onde a mãe estudou. Sabiam apenas da morte repentina dele, ainda no início dos anos 1930, vitimado por um infarto fulminante. Maria, sua viúva, viu-se sozinha, com cinco filhos para criar: Eva, Cora, Eunice, José e Gabriel Alves Barbosa Filho. Maria perdeu tudo, enganada por um sócio do marido. Analfabeta, migrou para São Paulo com os filhos, trabalhando como cozinheira e faxineira para uma família que era dona da indústria que fabricava o açúcar União. Morreu ainda na adolescência de Eva, que passou a ser criada por Justina, uma tia materna muito rígida, e pela bisa (que na verdade não era bisavó, mas tia-avó), que morreu com mais de cem anos. Alguns dizem que ela morreu aos 106; outros, aos 116. Bisa Ananias era uma negra forra, o que significa que havia sido escravizada. Mas sobre isso nada era dito.

Desde a abolição, o intenso trânsito de pessoas de uma região a outra, o desembarque massivo de imigrantes incentivados por políticas de branqueamento e a industrialização crescente impulsionavam o crescimento vertiginoso de São Paulo. Em 1890, a cidade tinha menos de 65 mil habitantes. Em 1920, comportava cerca de 580 mil pessoas. A população dobrava de tamanho a cada década. As fábricas se concentravam às margens dos rios Tietê e Tamanduateí, pela facilidade de escoamento de mercadorias. E a população que acorria ansiando por trabalho se apertava em pequenas casas e cortiços nas proximidades das indústrias e ferrovias. Brás, Mooca, Ipiranga, Água Branca e Bom

Retiro eram os bairros que mais recebiam pessoas negras e imigrantes pobres, especialmente italianos.

Bisa Ananias, tia Justina e seus três filhos acolheram Eva e seus quatro irmãos. A família morava num cortiço compartilhado com espanhóis e italianos no Bom Retiro, destino de muitos judeus vindos da Europa. Até hoje o bairro é percebido como território judaico, apesar do expressivo número de coreanos e bolivianos que vem se avolumando nas últimas décadas.

A família materna de Sueli foi escurecendo com os anos. Bisa Ananias era uma negra que tinha a pele muito clara, bem como o avô Gabriel, que casou com Maria, retinta — Sueli diz que seu biotipo é muito parecido com o da avó. Já a família de José Horácio prezava o casamento intragrupo, o que para Sueli soava como um desejo de eliminar as marcas do colonizador. Nadir foi a única a casar com um homem mais claro, Geraldo.

Se na família mineira de José Horácio existiram mulheres possivelmente escravizadas, como Maria Gaivota, mãe de crianças de pais desconhecidos, o mesmo deve ter ocorrido com a família de Eva. Bandeirantes e inquisidores que se apossaram de terras, exterminaram e escravizaram negros e indígenas, também se apropriaram dos corpos das mulheres. Há mais de vinte anos Sueli Carneiro escreveu em um artigo publicado na revista *Estudos Feministas*: "O estupro colonial da mulher negra pelo homem branco no passado e a miscigenação daí decorrente criaram as bases para a fundação do mito da cordialidade e democracia racial brasileira".[3]

Cora, ainda adolescente, morreu de tuberculose. Eunice saiu de casa e se tornou prostituta. Nunca mais conviveu com a família, que pouco falava dela. Eva, tia Justina e a bisa eram bastante religiosas, faziam parte da Pia União das Filhas de Maria — uma associação católica de mulheres devotas de Nossa Senhora, muito comprometida com os valores e costumes da igreja. Na moralidade da época, ter uma irmã que "rodava a bolsinha" era um fardo para Eva, que se via muito cobrada, pois havia sempre alguém que conjecturava: "Essa não vai dar em nada, já tem uma irmã na rua". Tudo o que Eva desejava era romper com essa expectativa. Na percepção de Sueli, sua mãe faria qualquer coisa para manter uma família mononuclear, com pai, mãe e filhos, mesmo que fosse para comer o pão que o diabo amassou. Eva completou todo o ensino primário e cursou datilografia. Tinha um diploma, datado de 1943, emitido pelo Instituto Brasileiro de Mecanografia, que tinha a fama de ser a melhor escola de datilografia da América Latina — chegou a receber 1600 estudantes por dia. Além da habilidade na máquina de escrever, o instituto ensinava como se vestir e se comportar em ambiente de trabalho. Eva se dizia exímia datilógrafa, mas nunca se empregou em escritório. Foi costureira até casar.

Vivia com a cabeça povoada pelos romances da Biblioteca das Moças, coleção popular entre os anos 1920 e 1960, que publicava sob diferentes títulos a mesma trama: moça pobre se apaixona por nobre rico e no casamento encontra redenção. Sonhava acordada com o príncipe encantado, e José Horácio, mais de dez anos mais velho, era bonito o suficiente para fazê-la acreditar que seria tratada como uma princesa. Não foi bem assim que as coisas se deram. Eva falava disso com um misto de decepção e autoironia, sorrindo da própria ingenuidade.

Naquela primeira metade do século, era comum que jovens negros praticassem o footing:[4] andavam de um lado a outro, conversando, flertando, namorando nas vitrines produtos que não poderiam comprar. Rua Direita, praça do Patriarca, praça da Sé e largo do Piques eram os territórios dessa sociabilidade negra aos fins de semana. Na segunda-feira, viam-se na Igreja dos Enforcados, na praça da Liberdade. Havia também os cinemas, frequentados por mulheres de salto, luva, chapéu, e homens de bengala e terno.

Foi num fim de semana, em alguma das ruas por onde passeavam ou em alguma fila de cinema, que os pais de Sueli se conheceram. Eva não deu muita bola, julgando que José Horácio estivesse interessado em Vera, uma amiga sua. Mas foi com a jovem costureira que o rapaz entrou no bonde, provavelmente da linha Santana ou Casa Verde, que saía do centro e passava pelo Bom Retiro. Depois de alguns encontros escondidos, Eva apresentou José Horácio a Justina. A aparência, o ar imponente, a postura causaram boa impressão na tia. O rapaz discorria sobre qualquer assunto. E ainda que só soubesse assinar o nome, a caligrafia parecia de doutor. Só mais velho, com a ajuda da caçula Suelaine e tendo em vista pleitear uma melhoria salarial, ele conseguiu terminar o curso primário. Com a aprovação da tia e da bisa, depois de poucos meses de namoro Eva e José Horácio se casaram, em 15 de setembro de 1949.

Por ocasião do enlace, Eva tinha uma condição socioeconômica melhor que a do marido. Tinha um bom emprego como costureira, era praticamente gerente de uma oficina no Bom Retiro. À época, seu salário era maior que o dele. Mas quando resolveram casar, José Horário foi categórico: "Mulher minha não trabalha". O patrão tentou de tudo para que ela continuasse no emprego, até propôs acomodar o expediente ao horário que o marido considerasse conveniente. "Mas não era disso que se tratava, de acomodar a esfera doméstica", avalia Sueli. "Era um exercício de poder." Eva pediu demissão e se tornou dona de casa. Desejava uma família a qualquer custo.

Passados alguns anos, a antiga costureira retomou a máquina de costura em alguns períodos. Sempre dentro de casa. O marido saía para pegar as encomendas, e ela não perdia tempo. Sueli e os irmãos de idade mais próxima à dela, Solange, Geraldo e Solimar, faziam o acabamento, e as peças estavam prontas para José Horácio entregar aos clientes. Eva repetia à exaustão que as filhas precisavam estudar para não depender de homem para nada. Martelava que as meninas nunca deveriam precisar de alguém que lhe comprasse as próprias calcinhas.

José Horácio não deixava faltar nada em casa, e isso era suficiente para que fosse considerado um chefe de família exemplar. É sabido que depois da abolição homens negros não tinham trabalho e quem levava dinheiro para casa regularmente eram as mulheres, empregadas domésticas em sua maioria. Nesse contexto, aqueles que tinham um serviço fixo eram muito valorizados. José Horácio era um homem de seu tempo — não necessariamente um bom marido, nos parâmetros de hoje. Assim mesmo, na percepção de Sueli, Eva foi perdidamente apaixonada por ele até o fim da vida.

5. Filha única na Lapa de Baixo

Em 23 de junho de 1950, em São Paulo, nascia Aparecida Sueli Carneiro. Seu registro, porém, marca 24, dia de São João. Naquela data, um sábado, no estádio do Maracanã começava a Copa do Mundo, cujo desfecho contra o Uruguai assombra até hoje mesmo aqueles que nem completaram a maioridade. Quase cinco anos depois, em fevereiro de 1955, Sueli, no colo do pai, ouvia a final do Campeonato Paulista de Futebol, conhecido como IV Centenário, uma das múltiplas comemorações dos quatrocentos anos de São Paulo. O empate de 1 a 1 garantiu o título para o Corinthians. A alegria foi tanta que José Horácio jogou a criança para cima, e com ela foram-se o rádio e a moringa que estava ao lado. Só a menina não se quebrou.

Além de futebol, José Horácio gostava de rojão. Na época de São João, para comemorar o aniversário de Sueli, ele fazia festas que duravam dias, com fogos, fogueira, muita comida. Isso de ter duas datas, a do nascimento e a da certidão, sempre rendeu uma festa continuada.

Por quatro anos Sueli foi filha única e muito mimada. "De-

38

pois nasceu um monte de criança para comprometer meu status de adorada e exclusiva", brinca a primogênita. Moravam na Lapa de Baixo, um bairro considerado bom, com saneamento básico, boa iluminação pública, comércio, escolas e transporte desde os primeiros anos do século xx. Além do bonde, o largo da Lapa oferecia a estação de trem — onde José Horácio trabalhava —, e era um polo comercial de destaque que atendia os bairros da zona oeste e cidades da região metropolitana.

No segundo ano de vida, Sueli teve uma doença: mal de simioto.[1] Simio significa macaco, e o povo diz que bebês e crianças com desnutrição grave ficam parecendo macacos, com o rosto fundo — daí a linguagem popular se referir assim à doença, mal de simioto. A Organização Mundial da Saúde, porém, não reconhece esse nome fantasia: no CID (Classificação Estatística Internacional de Doenças e Problemas Relacionados à Saúde), consta mesmo é desnutrição.

Contava Eva que, quando bebê, Sueli engordava quinhentos gramas por semana. Estava tudo dentro dos eixos, nos conformes, quando de repente a evolução disparou numa curva decrescente. A criança enfraqueceu tanto que suas perninhas ficaram uns gambitos. A principal causa desse mal costuma ser alergia à proteína do leite de vaca, mas Sueli só mamava no peito da mãe, que tinha leite suficiente para amamentar também outras crianças da vizinhança. Então só podia ser olho gordo ou coisa desse tipo, pensou Eva, aflita. Mas é evidente que a desnutrição pode ter sido provocada por alguma infecção ou parasita.

Sueli começou a definhar muito, a ponto de um médico dizer que não havia mais nada a ser feito, que os pais deveriam ir para casa e esperar pelo pior. Acrescentou que não teriam nenhum problema com atestado de óbito, porque ele estava acompanhando o caso e sabia que o único desfecho seria a morte. O doutor estaria sendo negligente? Estaria entregando os pontos por descaso? Bem, as predições do médico podem ser explicadas pelos dados do período. Em 1950, a desnutrição era uma das principais causas de mortalidade infantil em todo o mundo, e as taxas brasileiras eram altíssimas. A cada mil crianças com idade entre um e cinco anos, morriam 65,4.

A mãe, desesperada, pegou a filhinha no colo e saiu pelas ruas da Lapa à procura de um farmacêutico espírita que atendia no bairro. Detalhe importante: a católica Eva, filha de Maria, até então jamais recorrera ao espiritismo. O homem avaliou a situação. Era mesmo grave, mas se Sueli conseguisse atravessar aquela noite tomando determinada medicação, ela se salvaria. De volta à casa, Eva e José Horácio passaram a madrugada em claro, velando a menina e administrando o remédio que o farmacêutico recomendara. A menina vingou. Nos dias seguintes, seguiram o conselho de alimentá-la com leite de cabra e dar banho de luz em seus gambitos. Deu certo.

Eva havia feito promessa para tudo que é santo. Devota de Nossa Senhora Aparecida, padroeira do Brasil, ela prometeu que, se a menina fosse curada, todas as filhas que tivesse teriam Aparecida no nome. E vieram mais três: Aparecida Solange, Aparecida Solimar e Aparecida Suelaine.

6. Comunidade operária e consciência racial na Bonilha

Eva e José Horácio tiveram sete filhos, nascidos em três levas. Primeiro Sueli, filha única por quatro anos. Depois o trio dos maiores, em escadinha: Solange, de 1954; Geraldo, de 1955; Solimar, de 1956. Passados quase dez anos, o trio dos pequenos: Suelaine, de 1962; Antônio Gersio, de 1965, e Antonicelmo, de 1968. A vida foi mudando muito a cada filho que chegava. As bocas para alimentar se multiplicavam à medida que as coisas se complicavam também na economia nacional. Se em 1955 o salário mínimo fora ajustado para 14,7% acima do custo de vida, em 1959 o aumento foi de meros 3%.[1] Manter um padrão mínimo de consumo era um desafio para a maior parte dos brasileiros. A família Carneiro empobreceu, mas nunca passou fome. Faltava roupa e sapato, nunca comida. José Horácio fazia parte da cooperativa de consumo dos ferroviários, pela qual era possível comprar insumos de qualidade com valores debitados da folha de pagamento, a preços muito mais acessíveis que os dos mercados. Uma vez por mês um caminhão da cooperativa entregava os mantimentos e produtos de limpeza que eles haviam encomendado — arroz em saca, feijão, latas imensas de óleo.

Quando Solange era bebê, antes de Eva engravidar de Geraldo, a família saiu da Lapa e foi para a Vila Bonilha, perto de Pirituba, a quinze quilômetros da praça da Sé. A Baltazar da Silveira, onde foram morar, era uma rua alegre. A lembrança de Sueli é de uma via estratificada: a parte de cima tinha muitas famílias brancas e só uma negra; o meio era mais misturado; na parte de baixo, muitos negros. A casa que eles alugaram era a mais feia da parte de cima da rua. Tinha um quarto, sala, cozinha, banheiro, buraco nas paredes e janela caindo. Pulgas e baratas a granel. Os adultos dormiam no quarto e os filhos na sala. Quando as crianças eram pequenas, com um ano de diferença entre uma e outra, o tanque estava sempre abarrotado de fraldas.

Mário, aquele tio por afinidade, amigo de José Horácio, morava na Baltazar de baixo. Naquela rua viviam pequenos funcionários da ferrovia, da indústria e também caminhoneiros. Embora formassem uma comunidade operária marcada por uma cultura proletária, de solidariedade e fraternidade partilhada entre pobres, o sentimento de superioridade dos brancos frente aos negros não se diluía. Sueli reconhecia, nas famílias brancas, um tom de autocomiseração que soava como: "Poderia ser pior, além de pobre eu poderia ser preto". Eva sempre exigiu respeito das vizinhas brancas, jamais tolerou comentários racistas. Os Carneiro eram os pretos respeitáveis da rua, com identidade racial percebida e demarcada. A mãe ensinava que a prole deveria retrucar para quem mexesse com sua cor.

Um dia Sueli chegou da escola contando que um padre a chamara de Pelezinho. Eva então a orientou: diz pro padre levantar a saia da mãe dele pra ver onde é que está o Pelezinho. Sueli, obediente, certo dia encontrou o padre dentro do ônibus.

42

Perto de descer, a pequena deu o sinal, repetiu o que a mãe havia mandado e disparou como um rojão.

A regra era explícita: se apanhar na rua e voltar chorando, vai apanhar de novo. Sem repertório para discutir situações de racismo, Sueli reagia no tapa — "Descia o pau mesmo, sem dó". E desde cedo ela se via, e era vista, como briguenta. Demorou para aprender a resolver os conflitos na base do argumento. Geraldo brinca que o primogênito é homem, porque Sueli era um moleque. Eles corriam, empinavam pipa, andavam de carrinho de rolimã e ela o defendia nas brigas. Ela se transformou numa velocista de primeira, e apenas seu amigo Betinho encarava uma competição.

Por um longo período, Eva não tinha condições de providenciar os uniformes de todos os filhos. Solange e Solimar estudavam em turnos diferentes, uma de manhã e outra de tarde, para que pudessem compartilhar o mesmo uniforme e o mesmo sapato. A cor da gravata e uma fitinha pregada na camisa indicavam o ano em que cada uma estava. Na porta da escola, uma tirava o sapato e calçava a sandália para entregar o calçado fechado para a que ia assistir aula. E não se esqueciam de providenciar as fitinhas.

Os irmãos sempre se deram muito bem, mas também se provocavam, como todos os irmãos. Solange, a mais clara, sofria, já que os outros, se aproveitando de que ela era emotiva, meio chorona, lhe diziam que ela era adotada. "Você não vê sua cor? Não percebe como é muito mais clara? Lógico que você é adotada." E ela chorava.

À medida que cresciam, os irmãos ajudavam nas tarefas domésticas. Sueli tinha mais ou menos doze anos quando passou a lavar a roupa de sete pessoas, que anos mais tarde seriam nove. Era tanque todo dia. Na limpeza da casa atuavam Solange e Solimar, que também contribuía com o preparo das refeições, já que sempre gostou de cozinhar. Até hoje é ela a encarregada dos banquetes para as reuniões de família. Pequeno, Geraldo cuidava do quintal e era babá dos mais novos. Hoje providencia o café depois das comilanças familiares.

Todo domingo eles saíam de casa cedinho para passar o dia com a avó Olympia, mãe de José Horácio, no Jardim Mangalot, região ainda mais periférica, a vinte quilômetros da praça da Sé. Nascida em 1893, Olympia media 1,80 metro. Usava saias compridas e pitava cachimbo, que acendia com uma lamparina pequena que sempre a acompanhava. Conforme foi ficando velha, o fogo demorava a pegar e ela então pedia para as netas mais velhas acenderem o cachimbo. Foi assim que as meninas aprenderam a fumar.

Olympia morava numa casa com quintal bem grande, no qual três de seus filhos ergueram suas casas. No fim de semana, fazia-se muita comida, jogava-se truco, trançavam-se os cabelos das crianças. "Eu prendia uma por vez entre as pernas, e haja braço! Comadre Eva não sabia pentear cabelo não", conta Nadir. Sueli lembra até hoje da dor no couro cabeludo provocada pelos puxões vigorosos.

Os homens gritavam, alucinados: "Truco ladrão!". Bebiam, bebiam e começavam a se xingar. Francisco, irmão de José Horácio que perdera uma das pernas num acidente de trem, lá pelas tantas sacava a garrucha e queria dar tiro em tudo. Todo domingo era mais ou menos a mesma história: Francisco puxava a arma e todo mundo brigava com tia Conceição porque ela teria feito alguma coisa para desencadear o arranca-rabo.

As lembranças desse tempo, até mesmo as brigas, evocam saudades nos irmãos. Trançando as pernas, Olympia cantava "A marvada pinga", de Inezita Barroso: "Ali mesmo eu bebo, ali mesmo eu caio". No meio do quintal, a avó levantava a saiona, abria as pernas e urinava. Chiquérrima, altiva, soberana. O xixi caía certinho. Diz a lenda que, em Ubá, ela saía de manhã, ia para o bar, passava o dia inteiro na rua e quando voltava encontrava a casa limpa e as panelas brilhando. E ai de quem ousasse não fazer o que ela mandava. José Horácio lavava, passava, cozinhava, e tudo muito bem.

Apesar de Olympia não ter o sobrenome da mãe, Luiza Josepha Araújo, é voz corrente em Ubá que alguns dos Araújo pretos chegaram sem nada à região porque fugiram de disputas por herança. Outros se dispersaram por toda a Zona da Mata por conta dos constantes arrendamentos de terra. Aqueles que vieram de Rio Casca, município mais ao norte da Zona da Mata, tinham feito fortuna — o que era raro, mas não impossível, entre os negros mineiros. Que o diga Francisco Paulo de Almeida, Barão de Guaraciaba, homem preto que enriqueceu e foi dos barões de café mais importantes do Segundo Reinado. Ele teria comprado sua primeira fazenda no início do século XIX, depois de ter lucrado como tropeiro.

A convivência com a família materna foi menos intensa (embora Eva tenha mantido uma amizade cúmplice com a prima Babi, uma das filhas da tia Justina, por toda a vida). Nas festas de aniversário e em outras comemorações, porém, os Alves Barbosa se juntavam aos Carneiro. Mas os sete irmãos sentiam que a família da mãe, negros de classe média, os olhava com um ar superior. Sueli e seus irmãos logo abaixo dela lembram de um episódio que os feriu. Um dos parentes perguntou se determinado fato era verídico, e Sueli se atrapalhou para responder, deixando evidente que não compreendia o significado da palavra "verídico". Debocharam dela de forma violenta.

Ao se sentir inferiorizada, a menina forjou a intelectualidade como escudo.

7. A menina preta da escola

Sueli foi alfabetizada em casa, pela mãe, que gostava muito de ler. Começou a frequentar a escola em 1957, no Grupo Escolar Guilherme Kuhlmann, no largo da Lapa. Mesmo morando na Vila Bonilha, a menina estudava perto do trabalho do pai. A escola foi fundada em 1924, com o nome de Primeira Escola Mista Urbana da Lapa de Baixo, no terreno de um italiano chamado Luiz Bonazza. Não havia escolas na região, e a comunidade pedia ao seu Luiz, proprietário de um terreno muito grande, que abrigasse uma. Ele então alugou parte da propriedade para a prefeitura, e 29 crianças passaram a estudar ali. Em 1933 a prefeitura se apropriou do terreno e construiu o prédio onde Sueli estudou, de pé até hoje. Na década de 1950, cerca de novecentas crianças eram matriculadas anualmente na Guilherme Kuhlmann, quase todas filhas de imigrantes.

Quando Sueli estava no primeiro ano, a professora reuniu as crianças, todas brancas, uma única pretinha entre eles, para plantar uma árvore. Cantavam "Alecrim dourado" enquanto abriam o buraco e enterravam a muda, nos fundos da escola.

Passados mais de sessenta anos, o jequitibá frondoso chama a atenção no meio do pátio cimentado onde as alunas e os alunos brincam. Ao redor do tronco foi preservada uma faixa de terra com espada-de-são-jorge, boldo, singônio e, acreditem, um pé de comigo-ninguém-pode, uma planta tóxica. Combina bem com o nome atual da biblioteca da escola: Monteiro Lobato, escritor racista, que se autodeclarava eugenista.

Todo dia Sueli saía da escola e caminhava setecentos passos até a estação da Lapa, onde o pai era bilheteiro. Ele dava um dinheirinho para que ela comprasse balas na venda ao lado. Suas amigas todas o conheciam. Muito carismático e respeitado, seu fio de bigode era a garantia para os homens. As mulheres viviam arrastando a asa para ele, as vizinhas babavam, mas, aparentemente, seu único desvio foi a cachaça.

A vida escolar de Sueli foi uma experiência bastante solitária. Nunca teve uma professora negra. Nem no Guilherme Kuhlmann, nem na Cândido Gonçalves Gomide, escola em Pirituba que frequentou por um ano, nem na Jácomo Stávale, na Freguesia do Ó, onde estudou por mais tempo. Os colegas eram brancos ou negros de pele bem clara. Sueli frequentava a escola, tirava boas notas, mas as relações que importavam a ela não estavam ali. Pelo contrário, sentia-se permanentemente convocada a provar sua capacidade.

O pai queria que ela fosse normalista. Para contrariá-lo, cursou o científico. Já no final do curso, foi muito mal em física e precisava de nove ponto alguma coisa para passar de ano. Varou noites e noites estudando, concentradíssima, sem falar com ninguém. Tirou dez.

Na Jácomo Stavale, participou da primeira passeata de sua vida. Era 1964, e Sueli organizou uma manifestação junto com a meninada branca. Aflitos com a gravidade da situação política do país, os jovens caminharam pelas ruas do entorno, em protesto contra o golpe militar.

8. A dureza dos dias

Sueli Carneiro teve crises de bronquite durante toda a infância e parte da adolescência. Era o inverno dar as caras e ela ficava sem respirar, tossindo, prostrada. Aquela "tosse de cachorro" a exauria. A mãe fazia xaropes com ervas, limão, mel, e esse era o remédio. Lá pelos catorze anos as crises amainaram. O pai passava muitas horas fora no serviço, e a mãe trabalhava cuidando da casa e das crianças. Às seis da tarde já tinha terminado os afazeres domésticos e supervisionado o banho dos filhos; era hora de convocar todos eles para rezar, munida de um copo com água para a bênção no rádio do padre Donizetti, muito famoso à época. Depois do jantar ela botava os filhos e filhas na cama e começava a beber. Mas as crianças viam.

Eva só bebia em casa. José Horácio não permitia que a mulher saísse para nada, nem rezar na igreja ela podia. Um dos filhos ia à venda do seu Marçal, bem perto, comprar o que ela pedia, inclusive as garrafas de licor. José Horácio, por sua vez, não bebia em casa: já chegava bêbado.

José Horácio era um educador muito rígido, austero; os filhos o temiam, mas nunca sofreram agressões corporais da parte dele. Já Eva batia muito nos mais velhos. Como Sueli aprontava, apanhou praticamente a infância toda. Adulta, dizia para a mãe que, se tivesse existido Conselho Tutelar àquela época, ela teria sido presa. A mãe nunca se arrependeu das surras que aplicou, orgulhava-se da educação dos filhos — afinal, eles "deram certo". Os três mais novos foram poupados: além de nunca terem apanhado ou testemunhado as agressões entre os pais, eles puderam contar com a folga financeira proporcionada pelo trabalho dos mais velhos.

O alcoolismo é um espectro que com frequência ronda as famílias negras, diretamente ligado às dificuldades de ser negro e negra neste país, com todo o sofrimento, a exclusão e a discriminação que o racismo produz. Mesmo quem não sucumbe à doença padece de seus efeitos nas relações familiares. Por medo de "fraquejar", Sueli tomou a primeira cerveja de sua vida aos 36 anos de idade.

É provável que Eva e Horácio bebessem para lidar com as dificuldades da relação, se bem que o alcoolismo dificultava ainda mais qualquer possibilidade de harmonia entre eles. Como primogênita, Sueli foi a que mais se expôs às cenas de violência. Alguns de seus irmãos, porém, lembram de tirar o menor do peito da mãe para botar na cama, já que ela não conseguia fazer isso, de tão bêbada. Apesar de nunca ter sido dito, entre os irmãos é ponto pacífico que a mãe bebia para agredir o marido.

Não são poucas as pesquisas que indicam que o alcoolismo e a violência estão mais presentes na vida de pessoas negras brasileiras que entre as brancas. O mesmo ocorre com a pobreza crônica, a baixa autoestima, o padrão alimentar precário, o tabagismo. Efeitos do racismo e heranças do processo de escravização, fatores que conformam vidas negras.

Mulheres negras são as principais vítimas de violência doméstica. Dos 2,4 milhões de mulheres que haviam sofrido violência em 2013, 1,5 milhão eram negras. Entre 2003 e 2013, a taxa de feminicídio entre mulheres negras aumentou 54%, enquanto a de mulheres brancas diminuiu 9,8%. A Lei Maria da Penha, de reconhecimento internacional, tem se mostrado inefetiva para mulheres negras.[1] Violência doméstica é questão de gênero e também de raça.

É duro, na infância, ter que cuidar dos adultos, quando eles não conseguem cuidar de si e quando deveriam olhar pelas crianças. O casamento que Sueli presenciava em casa constituiu uma experiência importante em sua formação.

Aos dez anos, ela enfrentou o pai pela primeira vez. Havia um bambu no quintal, usado para segurar o varal, e a menina o empunhou e partiu aos berros para cima daquele homem de 1,80 metro. A mãe pedia que ela parasse de gritar para que os vizinhos não ouvissem, Sueli respondia que já tinha passado da hora de todo mundo saber o que acontecia por trás daquela fachada. Embora José Horácio tenha se assustado com a reação da filha, tanto a bebida quanto a violência duraram muitos anos ainda. Dos filhos, só ela o peitava. Talvez ele a respeitasse exatamente por isso.

Sueli estava sempre pedindo a Eva que os dois se separassem. O casamento era uma prisão para ambos, se livrar daquilo seria melhor para todo mundo. Ela lembra de certa vez ter proposto: "Vamos para a rua. Até a rua é melhor que esse inferno".

Depois dos quarenta anos, Eva desenvolveu epilepsia e teve crises pelo resto da vida.

9. Casa de Maricota

No final da adolescência de Sueli, a família mudou-se para a rua Paula Ferreira, bem perto da Baltazar Silveira, ainda na Vila Bonilha. Era, de novo, o endereço mais feio da rua, o mais degradado. Eva compensava a feiura cultivando plantas na fachada, especialmente boldo e flores. Era uma casa alegre, sempre cheia de gente.

As tranças que a mãe e as tias faziam nas meninas já não agradavam mais Sueli, que começou a alisar o cabelo com um pente de ferro, à beira do fogão, ao modo das mulheres mais velhas da família. Não caprichava muito, fazia o mínimo. Nunca teve a vaidade das filhas de Oxum ou de Iansã — mais tarde se descobriria filha de Ogum.

Nesse período, experimentou uma negritude saborosa, efervescente, a léguas daquela prezada em sua casa. E isso foi graças a Maricota, uma mulher que levava uma vida que os pais de Sueli viam com maus olhos. Para Eva, era um pesadelo suas filhas frequentarem a casa de uma mulher como aquela. Maricota era funcionária pública — trabalhava num posto de saúde —, mas fazia o que estivesse ao seu alcance para aumentar a renda, inclusive programas com homens. Criara sozinha as duas filhas. Quando Sueli começou a visitar aquela casa, a filha mais velha de Maricota era sustentada por dois ou três homens que moravam por perto. A adolescente ainda não conhecia a expressão "garota de programa", mas, quando a ouviu pela primeira vez, lembrou da primogênita de Maricota. Já a mais nova era a virgem da família. E tinha toda uma mística em torno da sua virgindade, de poupá-la e preservá-la. Conhecer aquela mulher foi uma grande descoberta para Sueli. Maricota e as filhas eram da escola de samba Camisa Verde e Branco, uma das mais tradicionais de São Paulo. Desde o começo do século XX, aquela era uma agremiação de sociabilidade, resistência e afirmação cultural de negras e negros. E Maricota recebia muitas mulheres da Camisa e de outras escolas de samba, mulheres brilhantes como ela. Circulavam por lá compositores, o povo de candomblé. Gente negra que bebia, dava risada, fazia festa. Clima de churrasco na laje. Tudo o que não existia na casa dos Carneiro, pautada por um puritanismo de fachada. Mãe e pai alcoólatras se sentiam superiores àquelas mulheres que diziam ser "de vida fácil".

Eva e José Horácio prezavam as aparências acima de todas as coisas. Viviam um inferno dentro de casa, ele a espancava e mesmo assim a família deveria exalar virtude. Maricota, suas filhas e todo aquele entorno que a cercava tinham um grau de autenticidade que Sueli aspirava encontrar. Até hoje, mesmo corinthiana e torcedora da escola de samba Vai-Vai, ela tem um carinho especial pela Camisa, em homenagem a Maricota.

Sueli passou muitos domingos lá, no meio da negrada festeira. Era sambar, comer e, quem quisesse, beber. Numa formação governada por mulher preta, sem homem mandando. Aquela casa devia ser mais ou menos como havia sido a casa da matriarca e mãe de santo Tia Ciata, personagem fundamental para o samba carioca da virada do século XIX para o XX.

Maricota e as filhas conheciam e admiravam a família Carneiro, porque o povo considerado derrubado tem muito respeito pelo da aparência. Aquela imagem de família negra distinta convocava Maricota e as filhas a proteger Sueli. De certa maneira, ela era a segunda virgem daquela casa.

10. Sem perspectiva

Certa noite, já bem tarde, José Horácio voltava para casa quando viu um garoto na rua, dormindo dentro de um tubo grande de concreto, daqueles que depois são enterrados para escoar água da chuva e esgoto. Era o Bola, um amigo de Sueli e Geraldo, um garoto inteligente e talentoso, simpático e estudioso, que havia saído da casa da família branca que o adotara por não aceitar o lugar de inferioridade a que o submetiam. Era impensável deixar um amigo da família — Eva gostava muito dele — dormir na rua, e ele levou o garoto para casa. Sempre cabia mais um, mesmo que não coubesse. Bola morou com os Carneiro por alguns anos, até casar e perder contato com a família.

Não era incomum meninos negros ficarem soltos, morando de favor de casa em casa. José Correia Leite, da Frente Negra Brasileira, já contava que no início do século XX a mãe o deixava cada hora num canto para poder trabalhar. Com fome, frio e sem orientação, passava noites na rua ou era abrigado em casas de famílias negras.

Sueli começou a ter alguns namoricos de portão. Uma vez,

lá pelos seus dezesseis anos, ela voltou para casa acompanhada de um rapazinho e os dois ficaram na entrada, conversando um pouco. A garota se deu conta de que toda a família estava espiando pela janela, escondida, à espera do beijo. Que não veio: ela se despediu normalmente e entrou, para decepção da plateia.

Os irmãos mais novos gostavam de um amor platônico de Sueli. Treze anos mais velho que ela, Santista era muito bonito, negro, verdadeiro príncipe encantado. Para completar, o Alfa Romeo que ele tinha (um baita carrão, à época) fazia as vezes de cavalo branco. Homem-feito, Santista nunca foi inadequado com a menina que sonhava ser olhada por ele quando fosse maior. O príncipe gostava de conversar com a garota inteligente e dizia que ela era delicada como uma lixa zero. Na versão de Solange, sua irmã, a distância entre o cérebro e a língua era muito curta.

A vida da adolescente se organizava em torno da escola: de manhã, aula; à tarde, lições de casa e a roupa de toda a família para lavar. No tempo livre, leituras. Uma rotina bem azeitada, até que o colegial terminou. Sem emprego nem dinheiro para fazer cursinho, ir ao cinema ou qualquer outro lazer, ela se viu sem horizonte dos dezessete aos vinte anos, mais ou menos. Ficou deprimida.

Foi então que fez um grande amigo. Paulo Silas já trabalhava fora do bairro, escrevia poesia, tinha acesso a muitas referências e era cheio de ideias diferentes. Por influência dele, Sueli deixou de lado os livros da Biblioteca das Moças e mergulhou em Jorge Amado, Guimarães Rosa, García Márquez, Machado de Assis. Paulo Silas era sua única certeza: se tudo desse errado, ainda assim ela teria sua amizade para sempre. Eram tão inseparáveis que os irmãos até achavam que namoravam. Não sabiam que ele era gay. Ou, se percebiam, se faziam de desentendidos, como era comum naquele tempo.

Concluir o colegial, para as classes populares, era uma vitória grande. Isso fica evidente no primeiro livro que Sueli Carneiro publicou em coautoria com Thereza Santos, em 1985, quando inauguraram os estudos brasileiros sobre desigualdades entre as mulheres. Nesse trabalho averiguaram que em torno de 50% das mulheres negras brasileiras tinham até um ano de estudo, em 1980. Ou seja, metade das mulheres negras brasileiras era praticamente analfabeta. Quase 90% delas só tinham quatro anos de escolarização, dado bem diferente dos 69,8% de mulheres brancas. Já nos níveis médios de instrução, de cinco a onze anos de escola, chegavam 13,6% de mulheres e homens negros; 25% de brancas e brancos. Completar o colegial, com onze anos de estudo, era mesmo algo para se comemorar. E depois da celebração, todos os amigos brancos foram se encaixando no mercado de trabalho e Sueli foi ficando para trás. Foi então que percebeu o racismo operando de forma explícita.

Um dos amigos de Sueli era motorista na Anderson Clayton — que fabricava a margarina Claybom, entre outros produtos — e a avisou que abrira uma vaga de secretária na empresa. Sueli e uma amiga branca que morava na frente da casa dela entraram no processo seletivo. Na redação, Sueli ficou em primeiro lugar. "Por escrito, não dava para perceber que eu era preta", afirma. Já na entrevista, a menina branca foi selecionada e Sueli voltou para casa sem trabalho. Sentiu como um marco importante em sua percepção do racismo. Escreveu e falou muitas vezes sobre "a boa aparência" que excluía a mulher negra do mercado de trabalho.

Em 2002, durante a Conferência Nacional do Instituto Ethos, Sueli ministrou a palestra "Expectativas de ação das empresas para superar a discriminação racial", na qual explicou como a chamada "boa aparência" tinha relação com os dados de escolarização, ocupação e salário que ainda hoje mantêm mulheres negras na base da hierarquia social.

Dentre as artimanhas do racismo brasileiro, a exigência de boa aparência presente nos anúncios de emprego traz como subtexto "Negros, não se apresentem'". Pelo pequeno eufemismo da "boa aparência" e pela sutileza do "vaga já preenchida", mantém-se a população negra em desvantagem no mercado formal de trabalho e, ao mesmo tempo, garantem-se os melhores empregos e salários para o grupo racialmente hegemônico.

Sueli Carneiro baseou suas conclusões na própria experiência e em inúmeras pesquisas produzidas pelos movimentos negro e feminista. Dispensando entrevista presencial, eram os concursos públicos que ofereciam para muitas mulheres negras escolarizadas a possibilidade de ingresso no mercado de trabalho.

PARTE II: MOVIMENTO

11. Ganhar a cidade

Em 1971, Sueli prestou concurso público para auxiliar de escritório na Secretaria da Fazenda de São Paulo. Em fevereiro de 1972, tinha um emprego, a perspectiva de receber seu próprio dinheiro e desbravar o centro da cidade. Pegava todo dia o ônibus Penha-Lapa, que "demorava uma hora e cacetada até a rua Rangel Pestana, 300". O percurso era tão longo que muitas vezes a marmita chegava azeda. Mas o centro traz pessoas, informação, movimento. A cidade é uma descoberta.

Naquele mesmo concurso, uma leva de jovens mulheres negras foi aprovada. Foram todas alocadas num setor escondido do público, de microfilmagem — viram-se confinadas num aquário, mas para elas aquilo foi maravilhoso. Ficavam até tarde inventando métodos mais ágeis de microfilmar documentos enquanto conversavam sobre a vida e o mundo. São amigas até hoje.

Foi ali que Sueli conheceu Sônia Nascimento, grande parceira da vida toda, com quem, quase vinte anos mais tarde, fundaria o Geledés — Instituto da Mulher Negra. Sônia era muito organizada, disciplinada e tinha uma autoridade reconhecida

61

pelas demais companheiras de setor. Informalmente, passou a atuar como coordenadora do grupo. O encarregado aparecia lá só de vez em quando; sob a supervisão de Sônia, elas trabalhavam com autonomia. Foi uma virada na cabeça delas. Todo dia alguém chegava falando de uma reunião de mulheres, de uma atividade de negros. E assim Sueli Carneiro conheceu o Cecan, Centro de Cultura e Arte Negra. Era a entidade negra mais importante daquele momento na capital. Fundado em 1971, foi muito ativo até mais ou menos 74, e conheceu novo vigor de 76 a 81. A liderança inicial era de Thereza Santos, com quem Sueli escreveria seu primeiro livro quase quinze anos depois.

Thereza chegara do Rio de Janeiro em 1969, fugindo da repressão. Havia sido militante da Juventude Comunista e do CPC, da UNE, além de ter participado, como atriz, do Teatro Experimental do Negro, fundado por Abdias do Nascimento, de quem ela era muito próxima. Junto com o sociólogo carioca Eduardo Oliveira e Oliveira e alguns africanos exilados, decidiram estruturar um coral negro e levar teatro para escolas de samba e terreiros. Dessas intervenções culturais nasceu o Cecan, que passou a abrigar a intelectualidade negra.

Numa noite de domingo de 1975, lá pelas dez e meia, onze horas, depois do ensaio da Vai-Vai, na Bela Vista, Thereza, que morava na praça 14-Bis, ao lado da escola de samba, chamou Rafael Pinto, Milton Barbosa, o Miltão, Odacir de Mattos e Neninho de Obaluaê para ir à casa dela. Prepararam umas caipirinhas e um estrogonofe, ouviram os LPs que ela colecionava, de poetas africanos de língua portuguesa. Naquele clima, ela disse aos amigos que recebera orientação do Partido Comunista para sair do Brasil antes de ser presa. Na terça-feira, dali a dois dias, embarcaria para Paris, de onde pegaria um voo para Angola. "Vocês vão ficar com o legado de dar continuidade ao Cecan", ela disse, entregando-lhes um atabaque e o estatuto da entidade. A partir de então, o grupo foi se ampliando. Chegaram Isidoro Telles, Maria Lúcia da Silva — outra das fundadoras do Geledés e depois do Amma Psique e Negritude —, e uma turma que trabalhava no Metrô. A ideia de negritude, da importância de uma consciência negra e do combate ao racismo foi afirmada a partir da cultura. No Cecan, ainda em sua primeira fase, entre 1971 e 1972, Sueli conheceu pessoas negras que pensavam sua condição de negras. Compreendeu que a questão racial não tinha a ver apenas com uma consciência individual ou familiar, mas que era objeto de ação política organizada e um tema capital. Ela não precisaria mais viver as tensões provocadas pelo racismo de forma isolada ou no interior da família: passava a ter um programa político, uma luta mais ampla, travada por diversas pessoas. E sentia que estava atrasada.

Era a fase mais dura do regime militar, e a articulação do movimento negro do período se deu na resistência à ditadura. É sabido que depois do AI-5, em 1968, qualquer reunião ou organização de caráter político foi dificultada e era permanentemente monitorada — incluindo o movimento negro. Há ao menos três dossiês do Cecan produzidos pelo Departamento Estadual de Ordem Política e Social de São Paulo, o Deops. A Lei de Segurança Nacional, de 1969, que se combinava ao próprio AI-5, decretava crime, no parágrafo VI do artigo 39, incitar "ao ódio ou à discriminação racial". A pena era reclusão de dez a vinte anos.

Nos documentos da repressão com dados de pessoas e organizações do movimento negro constava a classificação "ódio racial" ou "discriminação racial", tanto naqueles produzidos pelo Deops, parcialmente disponíveis no Arquivo Público do Estado de São Paulo, quanto os elaborados por outros órgãos, registrados no Sistema de Informações do Arquivo Nacional. Qualquer questionamento ao mito da democracia racial — à ideia falaciosa de que no Brasil pessoas brancas, negras e indígenas viviam em harmonia e sem discriminação ou racismo — era crime.

O banco de dados Memórias Reveladas, do Arquivo Nacional, reúne informações sobre acervos de diferentes entidades brasileiras relacionados à repressão entre 1965 e 1985 — encontram-se 1067 ocorrências para o termo "movimento negro", muitas das quais são dossiês de páginas e páginas. O mesmo termo consultado nas fichas do Deops de São Paulo resultou em 148 registros. Há fichas digitalizadas de pessoas e organizações, e inúmeros relatórios e dossiês microfilmados que podem ser consultados pessoalmente na sede do Arquivo do Estado.

Pessoas como Sueli, a despeito de não militar em nenhuma organização política, temiam a repressão e viviam sob constante ameaça, mas também exaltavam sua juventude e estavam atentas a tudo que se apresentava como possibilidade. Era a geração que vivera 1968. Experimentava-se a ditadura, mas também a resistência. Os festivais de música, o movimento Black Power, as lutas por libertação das nações africanas, o Maio de 68 francês. Sueli Carneiro absorvia tudo de forma voraz. Toda noite ela saía do trabalho e participava de alguma atividade: cineclube, leitura conjunta de livros, palestras, debates, rodas de conversa.

12. Jacoel

Ganhar o próprio salário aliviou muito o orçamento de uma família de nove pessoas que contava com um único provento mensal. E a nova assalariada até se permitiu um pequeno luxo: comprou uma peruca. Não mais as tranças da infância, não mais o pente de ferro: bastava vestir a cabeleira e pronto, ela se considerava apresentável. E, no final das contas, a peruca foi importante para dar um basta nos alisamentos e retomar o cabelo natural, no processo que hoje é chamado de transição capilar.

A família até então só contava com os honorários de José Horácio, é verdade, mas os filhos recolhiam carcaças de ferro, garrafas e saiam para vender por algum trocado que resolvia necessidades mais urgentes ou permitia comprar frutas além das maçãs, bananas e laranjas que o pai trazia da feira.

Paulo Silas continuava sendo o amigo com quem Sueli dividia tudo — todas as dúvidas, elucubrações, questões existenciais do início da juventude. Eram unha e carne. Na festa de aniversário dele, em 1971, ela era praticamente a primeira-dama do evento. Num certo momento, Ray Conniff na vitrola, o hit dançante de bailes em clubes ou festinhas em casa, um amigo do aniversariante, da Editora Abril, onde eles trabalhavam, tirou Sueli para dançar. Ela não gostou do que viu e olhou feio. O sujeito era branco. Queria o quê, aquele cara? Para não criar uma situação constrangedora na festa de seu melhor amigo, aceitou como quem vai pra fogueira. Dançaram uma, duas, três vezes. Insolente, ele a puxou mais para perto. Sueli foi direta: "Não gosto de branco". O rapaz não se avexou com aquela voadora verbal e respondeu que ele também não gostava. E engatou uma conversa sobre candomblé. Sabia mais sobre os orixás que sua partner, o que a deixou indignada. Conversaram a festa toda e acabaram trocando uns beijinhos.

Combinaram se reencontrar no dia seguinte, na casa de Paulo Silas mesmo. Três horas depois do horário combinado Sueli apareceu. Tinha se atrasado de propósito, sabe-se lá se testava o rapaz ou a si mesma. Maurice estava lá.

Começaram a se envolver, falando muito da cultura negra, que interessava a ambos. E a partir dela descobriram várias afinidades. Tinham muito prazer em estar juntos, ir ao cinema, ao teatro, explorar os bons restaurantes da cidade e também os ruins.

Maurice Jacoel nasceu no Cairo, em maio de 1949. Judeu, filho único e apátrida, emigrou com os pais para o Brasil em 1957, fugindo da Guerra de Suez. Os ancestrais de Maurice, judeus sefarditas, fugiram da perseguição antissemita quando da expulsão da península Ibérica. Albert Jacoel, seu pai, era filho de gregos; Fortunee, sua mãe, tinha pai italiano.

Em 1952 ganhou força no Egito um movimento nacionalista. Dois anos depois, Nasser chegou ao poder e em 1956 nacionalizou o canal de Suez. França, Reino Unido e Israel bombardearam o Egito, Nasser revidou. Maurice lembra do estrondo das bombas e da situação de guerra. Por pressão da União Soviética e dos Estados Unidos, que estavam mais preocupados com a

Guerra Fria e com as revoltas anticomunistas na Hungria, as tropas invasoras se retiraram sob supervisão da ONU. Os ingleses tiveram 48 horas para deixar o país, praticamente com a roupa do corpo. Uma prima de Maurice, casada com um inglês, saiu com uma mão na frente e outra atrás, levando duas filhas pequenas a tiracolo. Seu Albert trabalhava numa multinacional farmacêutica e sabia que era questão de tempo para que tivessem de puxar o carro. Ele tinha um amigo na embaixada brasileira que replicava a propaganda internacional de Getúlio Vargas, promovendo o Brasil como uma terra de oportunidades, acolhedora e sem guerras. Pronto: ficou decidido que o destino da família, bem como parte da família de Fortunee, seria o Brasil. O restante da família Jacoel emigrou para Israel ou França. Um dia Albert chegou ao escritório onde trabalhava e encontrou um coronel sentado em sua cadeira. O sujeito lhe pediu para explicar todo o trabalho que fizera ao longo dos trinta anos anteriores. Voltou para casa, era hora de arrumar as malas.

Em São Paulo, a família de Maurice morava na rua Maria Paula, no centro. O apartamento parecia uma biblioteca, coalhado de livros. O rapaz era cinéfilo, fazia fotografia artística e consumia muita cultura.

E agora? Namoravam e um duplo desafio se apresentava: contar para as respectivas famílias?

Na primeira vez que Maurice deixou a namorada no portão de casa, a futura sogra estava a postos na janela e teve um verdadeiro chilique. Quase desmaiando, anunciou: "Ele é branco!". E decerto pensou: "Onde foi que eu errei?". Parecia que tinha ocorrido uma hecatombe. O prestígio familiar de Sueli foi para o brejo. Até então, a primogênita era *a* estudiosa, *a* todo-poderosa, toda cheia de autoridade, com opinião para tudo e mais um pouco. Na iminência de entregar seu coração a um mancebo branco, passou a ser hostilizada pelos irmãos. O pai, então, ficou decep-

67

cionadíssimo. Não se podia confiar em branco, ele havia cansado de dizer. Os filhos cresceram com Eva repetindo que de brancos não se podia esperar nada de bom: "De branco, quando sobra pra preto, boa coisa não é".

Eva, a quem José Horácio imputava a culpa pelo desvio da filha, começou a frase: "Ou você larga desse cara ou...". Sueli nem a deixou terminar. Até aquele momento estava cheia de culpa e com vergonha de si mesma, pois sempre soube que na mitologia familiar relações inter-raciais remetiam a abusos. Mas, ao ouvir a mãe, sentiu que, se recuasse, toda sua vida estaria à mercê da decisão dos pais.

José Horácio tinha certeza de que Maurice não passava de um português safado. Quando, em meio àquele pandemônio, alguém disse que o sujeito tinha um nome francês, a coisa desandou de vez: "Então é gigolô!". Sueli enfrentara o pai em inúmeras situações, mas aquela era especialmente delicada. Anunciou no tom mais tranquilo que conseguiu: "Ó, não tem jeito. Ele vem falar com o senhor".

Naquela noite decisiva, Maurice levou flores para d. Eva, um gesto diplomático que facilitou a relação deles a partir de então. José Horácio fez um longo discurso sobre escravidão e colonização, afirmou que a filha não era prostituta e que aquela era uma casa de família. Maurice não dizia nada, só abaixava a cabeça e dizia sim, senhor. José Horácio foi categórico: ou o pretendente nunca mais aparecia, ou assumia o compromisso com seriedade.

13. Universidade de São Paulo

Tanto Sueli quanto Maurice tinham concluído o ensino médio, que naquele tempo chamava colegial, e haviam ficado por isso mesmo. Então um começou a estimular o outro a fazer faculdade. Prestaram vestibular no final de 1972, junto com uma turma grande da Secretaria da Fazenda. A primeira opção de Sueli era filosofia; a de Maurice e Sônia Nascimento, ciências sociais; uma outra amiga, história; outra ainda, geografia. E quase todos entraram na USP. Sueli e Maurice cursaram filosofia; Sônia acabou abandonando o curso e anos depois fez direito em Mogi das Cruzes.

Além da carga pesada de leitura e estudo, a turma fazia política estudantil, participando de inúmeras assembleias, e interagia com os movimentos negros, feministas e o que na época era chamado de movimento homossexual. Era um período de denúncias, passeatas, com muitas atividades conjuntas na universidade.

Os pretos da USP cabiam numa Kombi, com folga. Eram ela na filosofia, Rafael Pinto nas ciências sociais, Milton Barbosa na economia, e mais meia dúzia. Ali foram consolidando a crítica à abolição, elaborando a importância de um Dia Nacional da Consciência Negra. Sueli gosta de lembrar do momento em que viu os "Quatro Cavaleiros do Apocalipse" — Hamilton Cardoso, Milton Barbosa, Rafael Pinto e Vanderlei José Maria —, como passou a se referir ao quarteto, num debate na USP sobre a questão racial. Foi impactante ouvir tantas informações novas daqueles homens brilhantes, uma espécie de anúncio do fim do mundo, ou melhor, do modo como ela percebia o mundo. Rafael Pinto se aproximou, com paciência e num tom professoral, e tomou como assunto dele politizá-la. Generoso, dedicou-se a debater, trocar, ensinar. Suas inquietações solitárias encontravam ressonância em algo muito maior, que era o movimento negro.

Sueli seguia na Secretaria da Fazenda. Depois de um período na produção gráfica da Abril, Maurice se cansou daquele trabalho e começou a fazer bicos em empresas variadas, até ser contratado pelo Metrô, em maio de 1973. Ele usava barba comprida, cabelão, um típico estudante de filosofia daquele período. Na entrevista, o diretor que o contrataria fez uma última pergunta, pedindo sinceridade: "Se depender de cortar o cabelo e a barba para trabalhar aqui, você corta?". Não, Maurice respondeu. Os dois riram, e Maurice foi contratado.

No início, ele trabalhava na pesquisa Origem e Destino, um instrumento para planejar a mobilidade urbana. Depois foi deslocado para um setor novo, Planejamento de Transporte. A ideia era prever o impacto do metrô na cidade e intervir na interação com o sistema de ônibus e nos trajetos percorridos pela população. Era um trabalho criativo, com gente interessante e muito bem formada. Um bom ambiente, com salário e benefícios. Como hobby, Maurice continuava fotografando.

Naquele primeiro ano de USP, todas as noites Sueli e Maurice saíam juntos da Cidade Universitária e pegavam dois ônibus até a Vila Bonilha. Ele a deixava na porta de casa e tomava mais dois ônibus para chegar à casa dele, no centro. Era uma via--crúcis. E a mãe dele estava sempre acordada, esperando pelo filho. Trauma de quem viveu guerras e perdas de parentes em situação de violência. Casar facilitaria a vida de ambos. A possibilidade de morar junto sem o aval de um juiz de paz soava para os dois como uma validação do racismo, reafirmação de um lugar não oficial para as relações com mulheres negras. Apesar de casamento ser visto como careta na contracultura, no caso de Sueli e Maurice, casar era um ato de rebeldia.

14. Casamento no Bixiga

Depois de não se manifestar muito a respeito do namoro, a família de Maurice fez o que pôde para evitar o casamento. Não bastava a noiva não ser judia? Ela ainda precisava ser preta? Ao contrário do que fez o clã dos Carneiro no início do namoro, ninguém bateu de frente — procuraram agir na miúda. Um primo, por exemplo, tentou parecer generoso: "Você é jovem, Maurice, te ofereço uma viagem para a Europa, talvez você conheça outras pessoas...". O noivo aceitou se fosse um presente para a lua de mel...

Albert e Fortunee evocaram todos os argumentos raciais e religiosos de que dispunham para convencer o filho de que o casamento jamais daria certo. Como eles acreditavam firmemente que era uma instituição para o resto da vida, sugeriram que, em vez de casar no papel, os jovens morassem juntos, assim já iam vendo se era isso mesmo que queriam... Uma proposta que praticamente autenticava o racismo com um carimbo. Quando Fortunee percebeu que era irreversível, buscou ser a melhor amiga de Sueli, passou a cozinhar para a nora e a enchê-la de mimos.

72

Alguns dias antes da data marcada, Sônia e as amigas da Secretaria da Fazenda pediram à noiva que mostrasse o vestido escolhido. Sueli havia separado um estampadinho que lhe parecia ótimo para a ocasião. Para o dia a dia ela vestia a primeira coisa que via pela frente; em seu armário, havia uma única roupa mais caprichada, destinada a casamentos ou outras solenidades. A futura noiva ainda não tinha incorporado o estilo chique que via nas pretas da cidade. Sônia Nascimento e Lucinha, do Cecan, se vestiam com uma sofisticação que as negras de vila, como diz Sueli, não costumavam ter. Ao ver aquele vestidinho corriqueiro, Sônia foi categórica: "Ah, não! Você não vai casar assim, não". Ela foi praticamente uma madrinha de casamento. Levou Sueli ao Mappin, que ficava na frente do Theatro Municipal, e juntas escolheram uma roupa bonita. Foi peremptória em aconselhar uma ida à manicure. Sueli jamais havia feito as unhas.

Sueli Carneiro e Maurice Jacoel casaram no dia 8 de dezembro de 1973, às dez horas da manhã, num cartório da avenida Brigadeiro Luís Antônio. Depois ofereceriam uma pequena recepção no apartamento onde passariam a morar, num prédio de dois andares na rua Conselheiro Ramalho, na Bela Vista, pertinho do cartório. Paulo Silas serviu de testemunha. Todos os amigos foram. Quanto aos parentes e conhecidos da família, do lado de Sueli foram os pais, irmãos, vizinhos, tios, primos. Da família de Maurice, só o pai e a mãe.

Os amigos de ambos tinham se organizado para preparar e oferecer os comes e bebes, pesando a mão nesses últimos, que enchiam barris e mais barris de chope. Os noivos não participaram da produção da festa. Quando chegaram do cartório, Solimar, Solange e Célio, então namorado de Solange, já rodopiavam no samba-rock no meio da sala.

Tinha hippie, careta, diretor do Metrô, batuqueiro, militan-

73

te político clandestino. E não parava de entrar gente. Preto, branco, japonês. Em algum momento no meio da tarde chegou a bateria da escola de samba Tom Maior. Até os vizinhos foram se divertir. A pequena recepção se transformou numa festança. Havia muita expectativa em relação àquele casamento, envolto numa simbologia especial. As pessoas achavam que a relação de Sueli e Maurice não daria em casamento. Como deu, todo mundo tomou aquela festa como sua. A euforia era sinal de quanta coisa estava sendo celebrada. Era quase uma resposta pontual à ditadura violenta e conservadora, tinha-se a sensação de uma ruptura de tabus e barreiras.

A única pessoa vestida de noiva era a feminista Dinalva Tavares, sempre debochada. Chegou de vestido branco, virginal, com uma grinalda de margaridinhas. Gustavo Scatena, engenheiro do Metrô, era o fotógrafo da turma. Tirou uma centena de fotos do casamento, mas os noivos não ficaram com nenhuma.

As pessoas dormiam, acordavam e voltavam para a festa. Parecia que haviam entrado em um vácuo do tempo. A certa altura a comida acabou. Lá pelas duas da manhã José Horácio chegou com pão e mortadela e se pôs a fazer sanduíches para todo mundo.

Quando os recém-casados decidiram dormir, eram umas seis da manhã. Deram de cara com oito pessoas deitadas na cama de casal. Havia gente largada em todo canto. Sueli e Maurice forraram com jornal um lugarzinho atrás da porta e dormiram abraçados.

15. Clandestinas

O apartamento de Sueli e Maurice era amplo, daqueles antigos. Só puderam alugá-lo porque tiveram um fiador solidário com a situação que estavam vivendo, e sobretudo com bala na agulha. Sylvio Bandy, judeu como Maurice, era amigo deles do curso de filosofia e podia imaginar o que eram os embates familiares que o casal estava enfrentando. Ele havia casado com uma brasileira — branca, é verdade, mas gói, ou seja, não judia — e já tinha experimentado na pele a resistência na família. A sala enorme era decorada no espírito hippie da época, com almofadões amarelos e laranja espalhados pelo chão. Havia um aparelho de som e uma rede muito disputada pelos irmãos menores de Sueli. Sofás ou poltronas eram coisa de burgueses quadradões.

Certa noite, logo que mudaram, Paulo Silas foi visitá-los. Acomodou-se na rede, e os três ficaram conversando. De repente, do nada, Sueli imaginou o amigo com os cabelos brancos. "Te vi velho", ela disse. "E como eu sou?", ele quis saber. Ela descreveu os cachinhos grisalhos, prateados. O amigo pareceu muito intrigado, sentia uma curiosidade inusitada, como se nunca fosse envelhecer. Um mês depois morreu afogado.

Para a família Carneiro, que sempre morou apertada, com banheiro externo, era uma novidade e tanto a variedade de ambientes. A casa estava sempre cheia. De gente que passava e gente que ia ficando.

Foram oito as pessoas que em certo momento moraram no apartamento — um amigo com problema financeiro, outro com dificuldes no casamento, outro ainda que havia brigado com os pais. Sueli e Maurice acolhiam todo mundo. Inclusive quem precisava se esconder dos milicos. Maria Lucia Fer Farias, a Baiana, amiga querida de ambos, foi quem morou mais tempo com o casal.

Maria Lucia e Maurice se conheceram quando faziam um bico na prefeitura, depois da saída dele da Editora Abril. Baiana e seu companheiro André viviam sempre duros. Pulavam de um bico para outro, de uma pensão para outra, e pareciam não ter dinheiro nunca. Os casais eram muito próximos. Antes do casamento, se ficavam até tarde na rua, dormiam todos na pensão da vez. Por vezes, tarde da noite decidiam pegar a estrada e ir para a praia passar a noite na areia, com as estrelas. Tomavam café da manhã com os pescadores e subiam a serra de volta.

Depois do casamento, Sueli e Maurice viviam uma situação confortável: os dois bem empregados, com a vida estável. Decidiram convidar o casal para morar com eles. Era uma forma de ajudar os dois, de quem gostavam tanto. Ao ouvir a proposta, os amigos empalideceram e não responderam de imediato. Passados alguns dias, convidaram Sueli e Maurice para jantar e contaram que haviam discutido longamente sobre o que fazer. "A gente vai ter de abrir o jogo: somos clandestinos políticos, a repressão está atrás da gente."

Ambos eram da Polop — Organização Revolucionária Marxista Política Operária —, e depois do POC — Partido Operário

76

Comunista. Desde 1969 viviam na clandestinidade. Baiana conta que André havia conseguido fugir da Polícia Federal da Bahia abrindo as algemas com um clipe e pulando do segundo andar do prédio, em Salvador. Caiu sobre uma Kombi e machucou uma perna. Correu a noite toda, mancando, até a casa de um amigo, que avisou Maria Lucia. Ela e o irmão recolheram a papelada comprometedora guardada na casa, foram até a praia de Piatã e queimaram tudo.

Por amizade, decidiram jogar limpo para justificar a recusa: a gesto tão generoso só cabia uma resposta franca. Sabiam que compartilhar tanta informação com os dois os colocava numa situação de risco ainda maior, além de configurar desobediência à organização, que naturalmente exigia absoluto sigilo de seus integrantes. "Pois agora é que precisam vir mesmo", Sueli disse. "Vamos dar cobertura a vocês." O casal avaliava que, de pensão em pensão, os amigos clandestinos estariam mais vulneráveis. Era o período em que a ditadura mais torturava e matava. Como nem Sueli nem Maurice eram quadro de nenhuma organização, abrigar o casal em situação temerária era um modo de colaborar com a resistência. E eles acabaram se tornando uma mão na roda para quem precisava de um endereço para passar um tempo exibindo uma fachada de normalidade.

Maurice e Sueli tampouco sonhavam que fossem fichados no Deops. Mas estavam, como mais tarde se comprovou. Quem for ao Arquivo do Estado pode encontrar duas fichas desse período, com informações sucintas — e erradas —, mas com o nome deles:

CARNEIRO — Aparecida Sueli
relação de al. curs. psicol. USP

JACOEL — Maurice
relação de al. curs. psicol. USP

Nenhum dos dois jamais se matriculou no curso de psicologia. Se há mais ocorrências que trazem o nome deles, elas não estão disponíveis ao público. Pelo menos nada referente a esse período.

Ainda em Salvador, Baiana e André distribuíam panfletos em fábricas e conversavam com operários. Assim que se formou em ciências sociais na Universidade Federal da Bahia, ela entrou para a clandestinidade. Os dois eram militantes profissionais e viviam de doações de camaradas da organização. Depois da fuga de André, eles foram para o Rio de Janeiro. De lá, um simpatizante da Polop que faria uma viagem pela América do Sul de carro com a namorada e mais um amigo se prontificou a levar Baiana para o exílio no Chile. Ela diz que só está viva porque, além da militância organizada, a rede de apoiadores era muito efetiva. André permaneceu no Rio.

Perto da fronteira com a Argentina, o amigo do motorista, que não era de esquerda, teve uma crise de pânico e queria porque queria que ela saísse do carro. O motorista foi firme: "A gente te abandona aqui. Ela continua no carro. Segura a onda que não vai acontecer nada. O nome dela ainda não está na fronteira". Atravessaram a cordilheira dos Andes num Fusca azul que levava quatro pessoas, uma das quais um sujeito que tremia compulsivamente. Lucia passou oito meses em Santiago, onde se sentia livre do perigo, apesar de não ignorar a presença de policiais brasileiros no país. O momento áureo dessa temporada chilena ocorreu quando, numa troca da guarda de Allende, ela burlou a segurança e deu um abraço no presidente, contando que era uma brasileira exilada.

Baiana precisou voltar ao Brasil antes do golpe de Pinochet para cumprir uma tarefa da organização. Saiu do Chile com documentos frios que lhe atestavam outra identidade, portando um pacote cujo conteúdo desconhece até hoje. Quem enviava era o sociólogo Eder Sader, que estava no exílio, e o destinatário era seu irmão, o cientista político Emir Sader. No Rio, ela reencontrou André e eles voltaram a morar juntos.

Viviam em Parada de Lucas, na zona norte carioca, numa espécie de cortiço. Ele tinha um emprego de fachada numa oficina mecânica e todo dia saía cedo para trabalhar. Certa manhã, Baiana queimou uma papelada da organização no banheiro, que ficava nos fundos. Mas sobraram alguns documentos. Do quarto, ela ouviu o proprietário conversar com alguém: "Não falei que são comunistas? Bem que eu estava desconfiado. Olha aqui a prova de que são terroristas". Num átimo ela juntou o que pôde numa sacola e foi embora assim que não ouviu mais nenhum barulho. Avisou André e pegaram um ônibus da viação Cometa para São Paulo.

Dias depois Baiana telefonou para uma vizinha já idosa, que percebia alguma movimentação política na casa ao lado. Ela não tinha nenhuma informação sobre as atividades clandestinas do casal, mas suspeitava de alguma coisa — e era solidária. "Filha de Deus, não vem aqui! O que tem de macaco dentro da sua casa... Tem gorila armado até os dentes." Histórias como essa, Baiana tem aos montes, até mesmo de ter de fugir só com a roupa do corpo. Dos dez anos que passou se escondendo, os dois que viveu na casa de Sueli e Maurice foram aqueles em que ela teve um pouco de tranquilidade. Quando possível, até a anistia, em 1979, o casal solidário que a abrigava ia a Salvador e visitava a família dela, levando notícias.

Susto de verdade, os anfitriões só passaram uma vez. Os horários eram rigorosamente combinados: caso um dos dois ativistas não voltasse para casa, seria preciso destruir todos os papéis e retirar o outro de São Paulo. De quando em quando André atrasava alguns minutos, mas sempre dentro de uma margem de tolerância. Uma noite, porém, ele demorou muito, e o pessoal começou a ficar agoniado. Já estavam se preparando para encontrar um paradeiro para Baiana e destruir toda a documentação, quando André chegou, lépido e faceiro. Ninguém se lembra do motivo do atraso, só da sensação de pânico.

Um dia, Nilza Iraci, com quem eles não se encontravam havia mais de dois anos, bateu à porta da Conselheiro Ramalho. Edmir (que naquele momento já era ex-marido dela) e todos os companheiros de célula da ALN tinham sido presos. A prisão dela era questão de tempo. De pouco tempo, aliás. Nilza havia deixado a filha Fabiana com amigos militantes em Santos e zarpara. Foi primeiro a São José do Rio Preto, no interior do estado, ver a família. De volta à capital, e depois de ter alguns pedidos de acolhida negados, procurou o apartamento do casal. Passou poucos meses com eles, entre 1973 e 1974. Para não comprometer os amigos, logo foi embora e ficou pulando de pensão em pensão. Era revisora na Editora Saraiva e foi presa no trabalho. Sueli só veio a saber disso anos depois. Quando ela acolheu Nilza, os moradores mal a viam e muito menos conversavam. Perderam totalmente o contato quando ela foi embora.

A família Carneiro percebia o entra e sai no apartamento. Se, por um lado, era esquisito que dividissem o teto com amigos, uma vez que tinham uma situação financeira confortável, por outro, a decoração da casa e os hábitos do casal e dos frequentadores pareciam tão estranhos que qualquer comportamento fora do esquadro entrava na conta do estilo hippie.

Porém também é provável que o silêncio não fosse ingenuidade, mas demonstração de apoio. Se José Horácio não se orgulhasse da atitude do casal e não compreendesse o que se passava na esfera política, certamente teria metido a colher. Não falar nada era cumplicidade. E a forma mais efetiva de proteção.

16. Velho Chico

Sueli e Maurice viajavam nas férias de trabalho e em qualquer feriado que pintasse. Na ida anual a Salvador para levar notícias à família de Baiana, visitavam casas de candomblé, curtiam as praias e a cidade. Também rodaram um pouco pelo Brasil. Em 1974, no ano seguinte ao casamento, eles percorreram os 1371 quilômetros navegáveis do rio São Francisco. Embarcaram no vapor *Benjamim Guimarães* em Pirapora, Minas Gerais, e foram até Juazeiro, na Bahia. Queriam viajar pelo rio antes da construção da represa de Sobradinho, que alagaria 4214 quilômetros quadrados, quase quatro vezes a área da baía de Todos-os-Santos, e expulsaria de suas casas mais de 70 mil pessoas. As obras haviam começado três anos antes, ainda no governo Médici, e a inauguração estava prevista para 1979. As cidades baianas de Remanso, Casa Nova e Sento Sé seriam totalmente submersas, além da zona rural de Pilão Arcado e parte de Juazeiro, Barra e Xique-Xique. Eles passaram por cidades e povoados que pareciam cenografia de filme de terror, sem vivalma.

Os modos de vida e as memórias de diversas pessoas submergiram com as águas. Segundo o Ministério das Minas e Energia do governo Médici, o principal motivo da obra era a geração de energia: as turbinas da hidrelétrica de Paulo Afonso, instaladas quase vinte anos antes, receberiam sempre a mesma quantidade de água e poderiam gerar constantemente energia suficiente para abastecer quase 850 cidades do porte do Rio de Janeiro da época.

O governo argumentava que, adicionalmente, os projetos de irrigação seriam mais eficazes, a quantidade de peixes aumentaria, as cheias poderiam ser controladas e a navegabilidade melhoraria. Nada disso aconteceu. Os impactos sociais e ambientais de uma obra daquele porte foram ignorados. A vazão da água de Sobradinho, assim como o volume de águas do próprio rio, têm caído ao longo dos anos. Com o assoreamento, há bancos de areia que não permitem mais a navegação em diversos trechos do Velho Chico.

As carrancas e as histórias do rio embalaram os doze dias de viagem no vapor. Conversaram com um monte de gente, observaram bastante. Havia outros turistas percorrendo o mesmo trajeto, e a dupla multirracial que formavam chamava a atenção. Fizeram amizade com um jovem casal que falava inglês entre si, mas que sabia português.

Os gringos puxavam conversa sobre guerrilha, luta armada, perguntavam qual era a real situação do país. Maurice e Sueli falavam abertamente o que pensavam. Mais para o final da viagem, a garota, Deborah, revelou que era filha de John Hugh Crimmins, então embaixador americano no Brasil, de 1973 a 1978. O sequestro do embaixador Charles Burke Elbrick, em 1969, ainda não era uma foto na parede, ao contrário, estava vivo na memória de todos, sobretudo da diplomacia americana. Era evidente que os dois viajavam com seguranças.

Foi então que Sueli e Maurice conseguiram enquadrar melhor os dois tipos que faziam aquela viagem sozinhos. Um italiano bonachão, falante, que tirava sarro de cada cidadezinha em que paravam, perguntando onde ficava o restaurante chinês e o cinema. E o outro, brasileiro, com uma história mal contada de que encontraria amigos para ir até a Amazônia. Quando desembarcaram, Maurice brincou com o italiano e disse que desconfiava que ele fosse da CIA. "É segredo, não conta para ninguém", respondeu o sujeito, debochado.

17. Irmãs e irmãos Carneiro

Geraldo, Solange e Solimar, os três irmãos da segunda leva, experimentavam a cidade à sua maneira, frequentando sobretudo bailes black, como os promovidos pela Chic Show e pela Black Mad em diversos clubes da capital paulista. Na sexta-feira a negrada ia toda para o viaduto do Chá e trocava as filipetas dos bailes que aconteceriam no fim de semana. Nas ruas do centro já começava o desfile: cabelos black muito bem cortados, camisa brilhante, paletó xadrez, calça boca de sino, sapato de verniz de bico fino e salto carrapeta. Elegantérrimos. Muitas vezes a vaselina e a babosa escorriam dos cabelos e manchavam as camisas. Lá pela meia-noite eles se espalhavam pelos bailes, dançavam até, e às sete da manhã cada um ia para seu ponto de ônibus, para sua estação de trem. As festas da Chic Show chegaram a reunir 15 mil pessoas. Um fenômeno.

Em casa, a filharada seguia sob a batuta de José Horácio. Quando ele saía para o trabalho, porém, eles botavam o som no máximo, dançavam, recebiam amigos. Quando o pai voltava, a movimentação e o volume da vitrola diminuíam.

Solange namorava Célio, torneiro mecânico, e quando de-

84

cidiram casar ela pediu demissão da imobiliária onde trabalhava. Fizeram inscrição na Cohab, Companhia Metropolitana de Habitação de São Paulo, criada em 1965 para planejar e gerir programas de habitação popular. Pouco tempo depois saiu o apartamento deles, em Carapicuíba.

Por um lado, havia reivindicação popular por moradia, saneamento básico e melhores condições de vida, uma demanda que ganhou ainda mais corpo nas décadas seguintes. E, por outro, o estado precisava criar condições mínimas para o crescimento da metrópole, o que incluía abrigar o exército industrial de reserva. Até 1979, mais de 84 mil unidades habitacionais haviam sido entregues em todas as regiões da cidade — em uma delas, na zona oeste, Solange mora com a família há quarenta anos. Solange e Sueli são as únicas filhas dos Carneiro que têm casa própria.

Por insistência de Sueli e Eva, Solange voltou a estudar. Ela não havia concluído o colegial e decidiu fazer magistério. O marido ciumento ameaçava rasgar os livros e cadernos, e Solange lembra de ouvir a irmã mais velha dizer: "Deixa rasgar que a gente compra tudo de novo". Antes mesmo de concluir o curso, Solange já trabalhava como professora.

Solimar, aos dezoito anos, estava de casamento marcado com Walmir. Num baile, flagrou o noivo passando o número de telefone para uma menina. Começou uma discussão, e o rapaz armou um murro para dar nela, que só não ocorreu porque Geraldo segurou o punho dele. Já tinham casa montada e um monte de presente de casamento.

No dia seguinte, ela esperou o pai voltar do trabalho para dar a notícia de que não se casaria mais. Antes mesmo de perguntar o motivo, José Horácio disse que a filha estava louca. Quando ela contou que Walmir tinha tentado bater nela, ele desdenhou: "Ué!? Por causa disso você não quer mais casar?". Foi a única vez que ela o enfrentou: não queria ter a vida da mãe, disse. No dia seguinte, Walmir foi até a estação de trem conversar com José Horácio. "Se a menina não quer casar, não vou forçar", foi o que ouviu do até então futuro sogro.

Walmir enlouqueceu, começou a perseguir Solimar e a ameaçou de morte. Foi quando ela foi dar um tempo no apartamento de Sueli e Maurice, antes de se transferir para uma pensão na Cardeal Arcoverde, em Pinheiros. Alguns meses mais tarde conheceu um casal muito querido, Edinho e Roberto, e os três alugaram uma casa na Alves Guimarães, também em Pinheiros, que chamavam de castelinho. Foram tempos muito felizes para ela.

Solimar era a irmã mais assídua da casa de Sueli. Seis anos mais nova, pegou carona nas conversas políticas e na vida cultural mais intelectualizada. Ambas lembram com carinho de quando a primogênita deu um LP do Clube da Esquina para a mais nova. Que consumou sua primeira relação sexual na casa da irmã, e o cunhado abriu um champanhe para comemorar. Passavam muito tempo juntas. Anos mais tarde Solimar estudou secretariado e trabalhou com o presidente do Banco Mercantil, na diretoria da Nestlé e na Unicef, o Fundo das Nações Unidas para a Infância. Acabou indo para a Sempla, Secretaria Municipal de Planejamento, onde ficou por dezessete anos.

Sueli e Solimar sempre ouviam falar do dr. Milton Santos e acompanhavam tudo o que ele escrevia sobre o espaço urbano. Num dia qualquer, toca o telefone de Sueli, e Solimar diz, eufórica: "Ele é preto, Sueli!". Ele quem? "Milton Santos. O gigante dr. Milton Santos é preto!" Sueli descreveu e analisou brevemente a cena num artigo publicado no *Correio Braziliense*, em julho de 2001:

> Durante anos ouvindo falar dele, nunca soubemos que era preto.
> Se alguém nos disse, não creio que estávamos prontas para ouvir

e elaborar em nossas mentes, à época ainda condicionadas pelo racismo, que um negro era a grande referência teórica de todos aqueles brancos. Talvez de fato tenha também havido muitos silêncios em relação à sua cor, pois, para alguns, referir-se a ela poderia parecer rebaixá-lo à moda de Olavo Bilac, grande poeta brasileiro que, diante de Machado de Assis, no esforço de enaltecê-lo, grafou: "Machado de Assis não é negro, é um grego".

Os três mais novos, Suelaine, Gersio e Celmo, seguiam na Vila Bonilha. Levavam uma vida mais confortável do que a dos mais velhos. Não presenciaram a violência doméstica. E os maiores, que trabalhavam, podiam comprar roupas, tênis, pagar esportes e o que mais eles precisassem. Hoje em dia, quando os filhos conversam sobre o passado, é como se tivessem existido dois pais e duas mães diferentes. O pai evocado é um homem tranquilo que os levava para comer pastel na feira e tomar café preto na padaria. A mãe, uma mulher calma, que nunca havia batido em ninguém.

18. A casa da Gioconda

Em 1975, morreu Fortunee, a mãe de Maurice. Depois de tratar um câncer de mama, ela teve metástase no cérebro e não resistiu. Para acolher o viúvo, o casal saiu do apartamento e alugou uma casa maior, na rua Herculano de Freitas, uma travessa da Peixoto Gomide, ainda na Bela Vista. O apartamento dos pais de Maurice precisou ser desmontado, naturalmente. Abrigava uma tralha sem fim. Quando eles emigraram do Egito para o Brasil, como não podiam trazer valores monetários, seu Albert resolveu viajar com tudo o que seria necessário: armário desmontável, camas, mesa, cadeiras, discos, vitrola, rádio, objetos de cozinha, roupas e livros. Uma infinidade de objetos teve de ser doada. A maior parte dos livros e dicionários foi para o sebo. O proprietário falava sete línguas e era autodidata; tinha múltiplos interesses, principalmente em línguas. Alemão ele aprendeu sozinho, durante a Segunda Guerra, captando clandestinamente uma frequência de rádio num aparelho que Maurice guarda até hoje.

O candomblé estava cada vez mais presente na vida de Sueli e Maurice, que fotografava as festas desde antes de eles se conhecerem. E Sueli passou a acompanhá-lo, a princípio com uma atitude de pesquisadora. Na mitologia dos orixás, chegava a vislumbrar uma espécie de fragmento de um pensamento filosófico africano. De um pensamento negro. Ou seja: a abordagem de ambos era mais estética e intelectualizada.

Com o tempo, Sueli também foi encontrando amparo no candomblé, com seus saberes que davam mais do que conforto para suas inquietações intelectuais. Já não era apenas interesse filosófico e antropológico. Dos jogos de búzios e das conversas com mães e pais de santo, começaram a surgir as primeiras obrigações. Em meados da década de 1970, ela se tornou frequentadora do ilê do pai César, em Taboão da Serra.

Era um candomblé bem tradicional. César era filho de santo de Mãe Ana de Ogun, por sua vez, filha de santo de Mãe Simplícia de Ogun, do Ilê Oxumarê Araká Axé Ogodô, fundado no final do século xviii, em Cachoeira, na Bahia. Com mais de duzentos anos, a casa segue aberta no bairro da Federação, em Salvador. Pai César chegou a dizer para Maurice que o orixá dele não veio para o Brasil. Sugeriu que estaria mais próximo do culto aos egunguns — espíritos ancestrais —, que Maurice teve a oportunidade de conhecer tempos depois.

Passado pouco mais de um ano da morte da mãe, o pai de Maurice morreu. Tinha um diagnóstico de úlcera, já havia sofrido um avc e teve uma hemorragia interna. Foram tempos difíceis.

Beirando os trinta, o casal já havia festejado, viajado, se divertido muito. E os dois começaram a sentir que estavam jogando dinheiro fora. Maurice não se incomodava muito em morar de aluguel, mas para Sueli era hora de comprar uma casa. Nos últimos anos do curso de filosofia, haviam ficado próximos de um amigo que morava na rua Iquiririm, na Vila Gomes, Butantã. O bairro, vizinho da Cidade Universitária, ainda nem era asfaltado, e as casas tinham preços razoáveis. Passaram a seguir os anúncios de classificados e levantar os valores dos fundos de garantia de cada um.

Então apareceu um sobrado na rua Gioconda Mussolini, número 259. Levaram um susto com o sobrenome e foram atrás. Descobriram que a tal Gioconda não tinha nada a ver com o ditador italiano: tinha sido antropóloga, professora da USP. Nascera no Brasil em 1913, filha de imigrantes, e pesquisara comunidades indígenas e caiçaras. A casa tinha dois quartos e um banheiro no andar de cima, sala e cozinha no andar de baixo, além de um quintal espaçoso. Dava para pagar. Fecharam negócio em outubro de 1977.

Nesse tempo eles já tinham um Fusca branco e foram buscar a família Carneiro para conhecer a casa. José Horácio ficou muito emocionado. Só naquele dia, quase cinco anos depois do casamento, ele disse para a filha que casar com Maurice não tinha sido uma besteira tão grande assim.

José Horácio estava com um câncer de estômago e foi internado no mês seguinte. Morreu em 12 de dezembro daquele ano.

19. Ser feminista

Dias depois do enterro, Eva despejou a garrafa de pinga na pia e anunciou: "Agora não tenho mais motivo pra beber". O processo de superar o vício não foi tão rápido, se estendeu por cerca de dois anos. E a transformou por completo. Ela havia passado quase trinta anos sem sair sozinha de casa para nada. O máximo de liberdade que lhe era permitida eram as conversas de portão com as vizinhas. As compras eram sempre feitas pelo marido ou pelos filhos. Eva não visitava os parentes nem ia à igreja sem estar acompanhada. Só depois da morte de José Horácio ela voltou a saber o preço do quilo do feijão.

Pediu a Sueli uma bolsa de presente: não tinha nenhum documento havia muitos anos e precisava de uma bolsa para guardar os que tiraria. Então providenciou carteira de identidade, título de eleitor, cartão de banco. Mesmo tendo assistido a mãe trancafiada em casa por tantos anos, foi só então que a primogênita se deu conta do nível de violência a que ela se submetera.

Um ano depois da morte do pai, Geraldo foi trabalhar na obra binacional de Itaipu, no rio Paraná, entre o Brasil e o Paraguai. A usina tinha começado a ser construída em 1975 e só viria a ser inaugurada em 1982. Geraldo era empregado da firma responsável pelos trabalhos de marcenaria nas casas dos engenheiros. O encarregado deu no pé e Geraldo ficou como responsável. Enterrou pelo menos cinco companheiros mortos em acidentes de trabalho e até hoje não recebeu todo o dinheiro acordado com a empresa que o contratou. Solange estava grávida de seis meses quando o pai morreu. Em 1978, nasceu Priscilla, primeira sobrinha de Sueli, xodó da tia. Quando a bebê tinha sete meses, Solange engravidou de novo. Ela não só continuou dando aulas, como foi estudar pedagogia. O marido preparava o jantar e cuidava das crianças enquanto ela estava na faculdade.

Eva ficou com os três filhos mais novos na casa da Paula Ferreira — Suelaine tinha quinze anos, Gersio, doze, e Celmo, nove. Sueli e Maurice, preocupados, propuseram que eles fossem morar perto deles. Alugaram uma casa no Morro do Querosene, também no Butantã. O nome oficial é Vila Pirajussara, mas não havia luz elétrica nas décadas de 1940 e 1950, quando se deu a ocupação do lugar, e o bairro cheio de ladeiras era iluminado por lampiões. Daí o nome Morro do Querosene.

Todos amaram a mudança. Saíram da casa mais feia da Paula Ferreira e foram para uma das mais bonitas do novo bairro: um sobrado azul com espaço para os quatro viverem com conforto, numa região de universitários, artistas e intelectuais. E muitos trabalhadores nordestinos, sobretudo maranhenses, que os recém-chegados viram introduzir no bairro a festa do bumba meu boi. Aquela mulher que não pegava em dinheiro nem saía de casa havia trinta anos passou a administrar a pensão que recebia pela morte do marido e a atravessar a cidade sozinha. Aos cinquenta anos, Eva criou outra dinâmica com os filhos menores, baseada no diálogo e em decisões compartilhadas.

Nesse período, Sueli mudou de emprego. Maurice, cada vez

mais envolvido na área de planejamento urbano, ficou sabendo de uma vaga de assistente técnico na Companhia de Engenharia de Tráfego, CET, e avisou a mulher, que foi contratada em 1978 e trabalhou lá por quase dez anos. Os empregos em autarquias estatais tinham bons salários, ótimos planos de saúde e a possibilidade de trabalhar em projetos que beneficiavam a população. "Eram dois ou três pretinhos em um mar de brancos."

20. Movimento negro

Ponto de encontro da família e dos amigos, a casa da rua Gioconda Mussolini também era palco de reuniões políticas. Muita gente transitava por lá. Para aquela meia dúzia de estudantes pretos da USP, ela virou um lugar de referência, já que dava para ir a pé da Cidade Universitária até lá. Rafael Pinto ia sempre, continuava a ministrar à dona da casa uma espécie de primeiros passos do movimento negro: "Parecia um pastor, com essa vocação de dizer quem é quem, explicar o contexto, contar tudo", lembra Sueli.

Por mais que estivesse cada vez mais engajada, Sueli destoava do perfil da militância. Alguns a viam como uma negra burguesa, casada com um judeu — a antítese do estereótipo do preto pobre é o judeu rico. Que morava numa casa que, mesmo numa rua sem asfalto e sem nada de especial, era um domicílio próprio. Não bastasse, tinha um bom emprego na CET. Nada disso era comum na militância negra.

O Movimento Negro Unificado — MNU —,[1] crucial para o movimento negro contemporâneo, foi anunciado publicamente no dia 7 de julho de 1978. Vinte dias antes, em 18 de junho, o movimento havia sido criado numa reunião no Cecan, da qual Sueli não havia participado, pois ainda não tinha protagonismo na causa. Mas naquela reunião estavam, entre outros, Rafael Pinto e Milton Barbosa, mais o grupo Brasil Jovem, da Casa Verde, e outro do Instituto Brasileiro de Estudos Africanistas (Ibea), com o sociólogo Clóvis Moura; o filho do deputado federal Adalberto Camargo, como representante da Câmara de Comércio Afro-Brasileira; os jornalistas Neusa Maria Pereira, Hamilton Cardoso e outros da seção Afro-Latino-América do jornal *Versus* e do Núcleo Negro Socialista; o sociólogo Eduardo de Oliveira e Oliveira e o funcionário público José Adão. A reunião havia sido convocada depois de eventos violentos ocorridos naqueles dias e que foram bastante noticiados na grande imprensa.

Primeiro foi o assassinato do trabalhador negro Robson Silveira da Luz, primo de Rafael Pinto. Acusado de roubar frutas em uma feira, foi preso no Distrito Policial de Guaianazes e recebeu tanta tortura que morreu. Depois, quatro garotos negros foram impedidos de treinar no time infantil de vôlei do Clube de Regatas Tietê. A ideia era fazer uma grande manifestação, mas não havia um movimento que aglutinasse as diversas entidades e que pudesse convocar o ato. Naquele dia decidiram pela criação do Movimento Unificado contra a Discriminação Racial, que depois, por sugestão de Abdias do Nascimento e Lélia Gonzalez, foi nomeado Movimento Negro Unificado contra a Discriminação Racial, posteriormente Movimento Negro Unificado.

No dia 7 de julho havia uma multidão em frente às escadarias do Theatro Municipal. Sueli Carneiro estava lá, e mais umas 2 mil pessoas cercadas de um policiamento ostensivo. Em muitos anos, foi o primeiro ato público no centro de uma grande cidade sem violência policial. A repressão monitorou tudo, tirou fotografias e fez relatórios detalhados que podem ser consultados no

Arquivo Público do Estado de São Paulo, em muitas das 111 fichas do MNU. Mas não teve bomba, cassetete, prisão, nada disso. Os militares tiveram que engolir a atenção da imprensa nacional e internacional.

Um grupo se encontrou no viaduto do Chá, justo onde a juventude negra costumava se reunir para se informar a respeito dos bailes black. Outro, na rua da Consolação, onde ficava a Associação Cultural Brasileira Beneficente, ACBB, uma entidade de negros. Todos rumaram até o Municipal.

Havia, naquele momento, uma ocupação negra no centro. Inspirados nas experiências de luta por libertação de Angola e Moçambique, alguns militantes distribuíam periodicamente por ali o jornal *Árvore das Palavras*, que discutia política numa linguagem coloquial e bem acessível. As pessoas, ansiosas, ficavam à espera do jornal e então o comentavam. Quando a convocatória do ato foi feita, caiu em solo fértil.

Milton Barbosa, de microfone na mão, coordenou a manifestação. Abdias do Nascimento, a antropóloga Lélia Gonzalez, o professor Amauri Mendes Pereira e Yedo Ferreira, fundador do Instituto de Pesquisas das Culturas Negras, vieram do Rio de Janeiro. Acorreram pessoas do interior do estado, foram lidas cartas da Bahia e um documento de presidiários da Casa de Detenção, onde havia um trabalho do movimento negro. Neusa Maria Pereira falou em nome das mulheres negras.

Com a emergência do MNU, esse ato marca uma virada de paradigma no movimento negro brasileiro, uma inflexão poderosa na discussão de raça e classe. A liderança toda de esquerda, socialista, possibilitou a vinculação do movimento a uma práxis marxista. O compromisso, segundo entendia Rafael Pinto, era combater a ditadura e fazer a revolução por meio do protagonismo de pessoas negras, denunciando a violência policial e o mito da democracia racial.

Sem negar ou esquecer a importância do Teatro Experimental do Negro ou da Frente Negra Brasileira, os grupos que se aglutinaram no MNU também foram inspirados pelos movimentos de independência de países africanos, pelo legado da luta por direitos civis e pelos Black Panthers nos Estados Unidos. Aquela geração que ocupou as escadarias do Municipal buscava as histórias dos quilombos, das pessoas negras que protagonizaram a luta contra a escravidão no Brasil, da imprensa negra tão atuante desde o final do século XIX até a década de 1930.

Desde os anos 1950 haviam se intensificado as lutas de países africanos, muitos dos quais viveram guerras anticoloniais. Derrotar França, Inglaterra, Portugal exigiu estratégias e táticas refinadíssimas. Negras e negros brasileiros estavam ávidos por conhecer os detalhes, tanto das elaborações teóricas quanto das organizações políticas dos africanos. Aquele era o patrimônio negro e libertário de luta, conhecimento que não estava na universidade.

Agostinho Neto, de Angola, Samora Machel, de Moçambique, e Amílcar Cabral, da Guiné, eram dos poucos revolucionários e pensadores africanos que escreviam em língua portuguesa. Eram disputados os livros de Cabral, escritor e revolucionário que contribuiu com os processos de libertação de Cabo Verde e Guiné-Bissau; quando um exemplar chegava ao Brasil, faziam-se cópias mimeografadas dele. João Batista Félix, o Batista — um dos quadros mais radicais do MNU na década de 1980, atualmente professor da Universidade Federal do Tocantins —, até hoje cobra de Sueli, brincando, a restituição de um volume de Cabral que ela jura ter lido e devolvido imediatamente.

Os processos de libertação das colônias africanas — Angola, Moçambique, Guiné-Bissau —, seus líderes, seu legado, proposições teóricas como o consciencismo, do ganês Kwame Nkrumah, conformam um patrimônio emancipatório de negras e negros que precisaria ser conhecido das gerações mais novas. "Foi com essas pessoas, com esses pensadores, com as estratégias que desenharam, com as alianças que estabeleceram, com determinada concepção de sociedade que puderam se emancipar do jugo colonial. Essa precisa ser a reflexão sobre o que somos hoje. E como lutar, como resistir", diz Sueli.

Quem herdar a luta do movimento negro brasileiro hoje vai herdar a partir do que e de quem? De um individualismo exacerbado e niilista? A internalização de um individualismo neoliberal é visível na juventude negra, mesmo quando ela se pensa libertária e contestatória.

Um dos criadores da Frente Negra Brasileira, ícone do movimento negro, era o velho militante José Correia Leite, então vivo e acessível a alguns dos mais jovens. Mesmo que ele tivesse se desligado da frente logo no início para participar de grupos mais à esquerda, como o Clube Negro de Cultura Social, as novas gerações aprenderam muito com ele; afinal, a transmissão oral sempre teve destaque na formação de militantes do movimento negro. O escritor Cuti publicou o livro ... E disse o velho militante José Correia Leite a partir de entrevistas e relatos orais. Criada em 1931, em São Paulo, a Frente Negra Brasileira esteve enraizada em diversos estados, com mais de 8 mil membros. Transformou-se em partido político em 1936, e um ano depois foi fechada pelo Estado Novo.

Outro emblema era o Teatro Experimental do Negro, TEN, idealizado por Abdias do Nascimento e fundado em 1944, no Rio de Janeiro, com atuação em outros estados. Sua proposta era valorizar socialmente o negro pela cultura, além de delinear um novo estilo estético e dramatúrgico. Afora as aulas de interpretação, o corpo de atores, formado por operários, moradores de favelas, empregadas domésticas — antes de entrar no grupo, a grande atriz Ruth de Souza trabalhava como empregada doméstica —, tinha acesso a cursos de alfabetização e cultura geral. A partir do TEN se organizou o Comitê Democrático Afro-Brasileiro e a Convenção Nacional do Negro, que apresentaram propostas à Constituinte de 1946, e publicou-se o *Jornal Quilombo*, que circulou entre 1948 e 1951.

Em 1968, Abdias foi para o exílio nos Estados Unidos, de onde, apesar de bastante monitorado pelos militares, continuou a manter interlocução com o movimento brasileiro. Voltou em 1978, a tempo de participar do ato de fundação do MNU, e até 1981 transitou constantemente entre os dois países.

Sueli Carneiro nunca foi militante do MNU, mas sua trajetória, assim como a de qualquer outro militante ou entidade do movimento negro contemporâneo, foi pautada por aquele ato nas escadarias do Municipal. Embora respeitasse e admirasse os Quatro Cavaleiros do Apocalipse e tudo o que evocavam — até hoje ela mantém interlocução com o movimento —, Sueli já era suficientemente feminista para perceber o sexismo que pairava por ali. Percepções e incômodos que ainda não estavam formulados.

E então Sueli Carneiro conheceu Lélia Gonzalez. Foi um momento de revelação vigoroso, como se a antropóloga pudesse ouvir sua mente, seu coração, e verbalizar o que ainda não estava organizado racionalmente.

Lélia Gonzalez punha em cena um terceiro sujeito político, para além da figura política do homem negro, que conduzia o debate racial, e da mulher branca, que protagonizava o debate de gênero: a mulher negra, que compartilha aspectos com os outros dois, mas tem horizonte e luta próprios. Ao ouvi-la, Sueli Carneiro soube o que era necessário fazer: atuar politicamente pelas mulheres negras. Graças a Lélia, teve condição de cumprir o que prometera a Abdias do Nascimento: ele não precisaria mais nos representar.

21. Lélia Gonzalez

A primeira vez que Sueli Carneiro ouviu Lélia Gonzalez foi em 1982, num seminário promovido por feministas no auditório do primeiro andar da Biblioteca Mário de Andrade. Naquele momento ela experimentou uma possibilidade de resistência. O seminário não consta do histórico da programação oficial da biblioteca, mas estão vivas na lembrança de Sueli a sala aconchegante, suas paredes revestidas de madeira, e a grande oradora do evento, a voz negra dentro do feminismo de então.

Lélia Gonzalez, mineira radicada no Rio de Janeiro, foi uma pensadora criativa que se sentia absolutamente confortável no palco. Brilhava e eclipsava quem estivesse ao redor. Exalava a exuberância de Oxum, talvez de uma Oxum Opará, irresistível, que galvaniza toda a atenção. Conseguia imprimir um sinal positivo a tudo o que estigmatizava as mulheres negras. Subvertia a leitura tradicional de figuras como a mãe preta e a mulata, ressaltando a generosidade, o lúdico, a vitalidade de nossos traços culturais e de nossos corpos. Não era necessário abdicar da dança, da graça, do charme, nem brigar com os corpos coxudos e bundudos. A possibilidade de protagonismo das mulheres negras passava exatamente por valorizar as características que tantas vezes eram utilizadas para nos subjugar.

Naquele início da década de 1980, era como se Lélia Gonzalez colocasse em uma perspectiva mais ampla o que cada militante negra sentia e pensava. Ficou inteligível que muitas das questões não eram individuais, mas uma trajetória coletiva de mulheres negras submetidas a processos de opressão e discriminação. Lélia questionava a branquitude acrítica das feministas, ainda que em outros termos, diante da violência racial do país. Insistia em dizer que, para as mulheres negras, o marcador fundamental era o racial, porque as primeiras experiências de opressão são derivadas da negritude. Segundo Sueli, a antropóloga travou um diálogo crítico com o feminismo branco no Brasil e inaugurou a perspectiva de um feminismo negro, mesmo que não estivesse assim nomeado.

A reflexão provocava desconforto nos demais movimentos. Mas não podia ser descartada ou ignorada, pois Lélia era parte constitutiva daquele universo feminista e também do movimento negro. Era das expressões mais inteligentes de ambos — conseguia dialogar, mas se distanciava sempre que a exigência de demarcação se impusesse.

Lélia Gonzalez também se dedicou à militância em partidos de esquerda, que concentravam seus questionamentos e embates nas desigualdades de classe. Primeiro no PT (Partido dos Trabalhadores), depois no PDT (Partido Democrático Trabalhista). Apesar de seu ativismo no combate ao racismo e ao sexismo ter provocado efeitos retumbantes nos movimentos, Sueli avalia que suas críticas não foram internalizadas nos partidos.

Em 1985, Lélia Gonzalez escreveu uma carta de desligamento do PT:

Pelo fato de discordar das práticas desenvolvidas pelo PT/RJ (expostas em carta dirigida ao companheiro Lula, datada de 07/11/85), sobretudo no que diz respeito ao estreitamento de espaços para uma política voltada para as chamadas minorias, peço meu desligamento do PT, declarando ao mesmo tempo que estou encaminhando minha filiação ao PDT, onde acredito poder melhor trabalhar em termos de implementação da política supracitada. Declaro, por outro lado, que não é sem dificuldades que tomo esta decisão. Afinal, foi graças ao PT (às suas propostas) que me decidi a entrar na vida político-partidária, acreditando na possibilidade de inovação dentro da mesma. Disso, não poderei me esquecer; embora sabendo que os caminhos são tortuosos e que a luta não pode deixar de continuar junto com e em favor dos explorados, oprimidos, discriminados. Com respeito de sempre, as saudações cordiais de quem sempre buscou estar nas lutas dos discriminados.

Lélia foi eleita primeira suplente a deputada federal pelo PT em 1982, e novamente pelo PDT, em 1986, mas nunca exerceu um mandato. Por observar essa mesma história se repetir inúmeras vezes, Sueli percebeu nos partidos de esquerda um modus operandi em relação às lideranças negras que apresentam maior potencialidade de fortalecer o movimento negro: elas são seduzidas pelo partido, mas, uma vez filiadas, não encontram um locus compatível com a importância que têm para o movimento social.

22. Separação

No plano pessoal, os últimos anos da década de 1970 foram barra pesada. Fortunee, Albert e José Horácio tinham morrido, um em seguida ao outro, praticamente. Entre 1978 e 1979, Sueli engravidou e, para tristeza do casal, teve um aborto espontâneo. Nem Sueli nem Maurice estavam bem, começaram a se perder um do outro. Maurice, depois da morte dos pais, viveu um processo de depressão e ausência. Embora leve, a crise acabou minando o casamento e criando situações em que ele buscava saídas para o que sentia, sem conseguir compartilhar com a mulher. Ela tentava sacudi-lo, trazê-lo de volta à realidade, e quanto mais ela se alterava, mais ele se fechava.

Já estavam num processo de desgaste que culminaria na separação, quando Sueli engravidou de novo. Apesar do fim anunciado, queriam a criança, corolário de uma relação tão bonita e importante para os dois.

Foi uma gravidez muito tranquila. Um período de preparar a casa e a rotina para receber a criança, mas também continuar se dedicando ao trabalho, ao estudo e à militância. O poeta Arnaldo Xavier, amigo próximo, brincava que era a primeira vez que via um negão grávido.

O ano de nascimento de Luanda, 1980, foi um tempo de transição para os dois, que concluíram o curso de filosofia. Maurice estava cada vez mais voltado para o autoconhecimento, estudando psicologia junguiana e astrologia; Sueli, mais pragmática. Ela mergulhava de vez no movimento feminista e no movimento negro.

23. Luanda, a prenda

Na manhã de 11 de maio de 1980, bolsa de Sueli estourou. Solimar estava com o casal e lembra de Maurice descendo as escadas às pressas e ligando para o médico. Sueli dizia que não sentia nada, só muito sono. Perguntava se não podiam dormir um pouco mais. Um vizinho os levou até o Hospital Santa Catarina, na avenida Paulista. O assistente do médico que a acompanhara no pré-natal conduziu o parto, uma cesariana, cada vez mais comum no Brasil a partir dessa época. Em 11 de maio de 1980, nasceu Luanda Carneiro Jacoel. O nome foi escolhido em homenagem à capital de Angola e às lutas por libertação na África. Quando Maurice foi ao cartório registrá-la, o escrivão não queria identificá-la como negra. Sueli escreveu sobre o episódio quase duas décadas depois:

> O pai, branco, vai ao cartório, o escrivão preenche o registro e, no campo destinado à cor, escreve: branca. O pai diz ao escrivão que a cor está errada, porque a mãe da criança é negra. O escrivão, re-

sistente, corrige o erro e planta a nova cor: parda. O pai novamente reage e diz que sua filha não é parda. O escrivão irritado pergunta, "Então qual a cor de sua filha". O pai responde, "Negra". O escrivão retruca, "Mas ela não puxou nem um pouquinho ao senhor?".

É assim que se vão clareando as pessoas no Brasil. Esse pai, brasileiro naturalizado e de fenótipo ariano, não tem, como branco que de fato é, as dúvidas metafísicas que assombram a racialidade no Brasil, um país percebido por ele e pela maioria dos estrangeiros brancos como de maioria negra. Não fosse a providência e insistência paterna, minha filha pagaria eternamente o mico de, com sua vasta carapinha, ter o registro de branca, como ocorre com filhos de um famoso jogador de futebol negro.[1]

Os pouco mais de três meses de licença-maternidade foram um deleite: passar os dias com um nenê no colo, amamentando no início, esquentando a mamadeira depois. Sueli e Maurice haviam se organizado para ela poder se dedicar à filha. Uma empregada doméstica cuidava da casa, da comida e da roupa. O casal comprou uma máquina de lavar louças; a avó, tias e tios ofereciam colo e toda sorte de ajuda.

Sueli pôde passar esse tempo em casa porque teve um mês de férias adicionado aos 84 dias de licença-maternidade, obrigatórios desde 1943. A licença de 120 dias só foi conquistada em 1988, com muita luta, bem como a possibilidade, em 2008, de prorrogação por mais sessenta dias. Quando Sueli retomou o trabalho, Luanda foi para um berçário particular. D. Eva achava um absurdo, se ofereceu para ficar com a pequena — oferta aceita pouco tempo depois.

Luanda passava o dia no Morro do Querosene com a avó e os tios mais novos. Com frequência virava dias e noites seguidos na casa deles, enquanto Sueli tentava multiplicar o tempo entre o trabalho e o ativismo. Seu berço ficava ao lado da cama de Eva, que, a pedido da neta, dava a mão a ela para dormir, um contato físico que até então aquela senhora não permitira a ninguém.

Solange e Solimar se inquietavam: com o histórico de alcoolismo de Eva, seria mesmo seguro deixar a bebê com ela? Bobagem, dizia Sueli, afinal Eva cuidara de sete crianças. E a mãe demonstrava alegria pela confiança que a filha tinha nela, ainda que não falassem abertamente disso. Foi quando se tornaram cúmplices. Sueli cortou um dobrado para conciliar maternidade, trabalho e militância. No início, carregava Luanda para cima e para baixo, mas duas situações a fizeram mudar de ideia. Um dia a nenê foi com a mãe a uma reunião na rua Estados Unidos, nos Jardins, ao fim da qual houve um tiroteio na rua. Dias antes, estavam numa escola de samba, onde Rafael Pinto e Flávio Jorge faziam um trabalho, e começou uma briga. Depois desses episódios, Sueli decidiu que não arriscaria a segurança da filha.

Dali para a frente, organizava a rotina de forma que a menina estivesse mais resguardada. Partilhar os cuidados da criança com Eva e os irmãos mais novos, além de Maurice, foi essencial para ela exercer seus múltiplos papéis. Celmo, aos doze anos, e Gersio, aos quinze, viviam com a sobrinha no colo, passeando pelo bairro e procurando as galinhas que corriam soltas por algumas ruas. Suelaine, aos dezoito, cuidava do cabelo de Luanda e a levava para Sueli quando era dia de consulta médica.

24. Informações do céu

Ainda no primeiro ano de vida de Luanda, Maurice foi trabalhar num sítio a cem quilômetros de São Paulo, perto de Iguape. Um amigo economista que ele havia conhecido no Metrô conseguira um financiamento do BNDES para criar rãs junto com um grupo de engenheiros e o convidou para administrar o projeto. A cada quinze dias Maurice buscava Luanda e a levava para passar uma semana no sítio. Quando entregava aquele pacotinho, Sueli rezava, pedindo proteção. Mas sabia que a relação da filha com o pai era tão importante quanto a relação com ela.

Os caseiros mal acreditavam que a mãe deixasse um homem viajar com um bebê num caminhão e passar uma semana cuidando da criança sozinho, no meio do mato. No sítio, além de lidar com as rãs, Maurice meditava, estudava I Ching e astrologia. Foi uma época de transição — ao voltar, ele trabalhou por um ano como fotógrafo e depois passou a se dedicar exclusivamente aos atendimentos de astrologia.

O ex-marido se vale de uma imagem para explicar o mapa astral de Sueli, marcado pela união de ar e terra: uma montanha.

O ar mais frio, rarefeito, simbolizaria a capacidade de elevar o pensamento em busca de uma compreensão maior; a terra, a capacidade de realização e concretização dessas ideias. Sueli é canceriana, com ascendente em Gêmeos, lua em Libra e Marte e Netuno também em Libra. Segundo a interpretação de Maurice, comunicação, escrita, ensinamentos e viagens são centrais para ela. O Sol junto de Urano, planeta da inovação e de transformações radicais, traria grande inquietação, indignação e necessidade de transformar as coisas à volta dela. Do ascendente viriam sensibilidade, prazer sensorial, busca por objetividade. Do Sol em Câncer, a importância à família, à nutrição e ao cuidado. Lua e Marte em Libra indicariam a proximidade com a beleza, a arte, a música, a filosofia, o conhecimento, além do senso de justiça. Agir e lutar para o justo e o belo. Vênus em Touro: foco na questão da mulher. Mercúrio em Gêmeos: informação, comunicação, escrita.

Naquele início dos anos 1980, Maurice oferecia atendimentos astrológicos em casa e também vendia representações gráficas de mapa astral produzidas por ele. Em poucos anos estava com a agenda repleta de clientes e ganhava a reputação de ser um dos bons astrólogos do Brasil. Entre 1987 e 1992, criou o Centro de Estudos de Astrologia Girassol no bairro da Vila Madalena, em São Paulo.

Sueli e Luanda continuavam na casa da rua Gioconda Mussolini. Na vizinhança, no Butantã, novas famílias e velhos amigos de militância se aproximavam, estreitando vínculos comunitários a partir dos cuidados com as crianças. Foi o caso de Baiana.

25. A pequena comunidade no Butantã

Baiana havia se separado de André ainda na clandestinidade e logo se apaixonou por Luís, conhecido como Japonês, que não militava e também se tornou bem amigo de Sueli. Baiana logo lhe contou sobre sua atividade política, e o casal levou o namoro adiante e foi morar junto, mesmo que isso pusesse o rapaz em perigo.

Em 1978, foi criado o Comitê Brasileiro pela Anistia, e diversas manifestações se espalharam pelo país, pedindo a descriminalização da luta contra a ditadura, o retorno legal dos exilados, a soltura dos presos políticos e a retomada da identidade por parte dos clandestinos. Em 22 de agosto daquele ano, foi aprovada no Congresso uma lei de anistia ampla, geral e irrestrita, que perdoava inclusive os militares pelos assassinatos, torturas e outras violações de direitos humanos. Presas e presos políticos faziam greve de fome, a mobilização social era imensa. Poucos dias depois, em 28 de agosto de 1979, a Lei da Anistia foi promulgada.

Baiana estava grávida de Irene, sua primeira filha. Procurou o escritório de Luiz Eduardo Greenhalgh, advogado de presos políticos e militantes clandestinos, para tirar a certidão criminal negativa, a chamada "nada consta". Com o documento em mãos, pôde voltar a Salvador e retomar seu nome verdadeiro: Maria Lucia Fer Farias. De volta a São Paulo, também foi morar no Butantã. Irene nasceu em 1980, dezoito dias antes de Luanda. Mudaram-se para a mesma rua Gioconda Mussolini, a duas casas de distância de onde viviam Sueli e Luanda. Na pequena comunidade, compartilhavam os cuidados das crianças. Sueli chegou a amamentar Irene, Baiana amamentava Luanda quando a mãe se ausentava mais do que o previsto. Em uma ocasião, Baiana amamentou as duas meninas ao mesmo tempo, uma em cada peito. Luanda até hoje a chama de mainha. Foram crescendo juntas, Luanda, Irene e Ana, a segunda filha de Baiana. Tinham um outro amigo que morava perto, Flavinho, filho de Nice Carrança Tudrey, amiga próxima de Sueli, uma mulher negra de pele clara. Nas férias iam todos para Ubatuba. Apesar de filha única, Luanda convivia com outras crianças, todas muito diferentes entre si. Certa vez Irene falou que era mestiça, por ser filha de pai descendente de japoneses. Luanda logo disse que era mestiça também; afinal, o pai era egípcio.

Quando completou três anos, Luanda foi para a escola. Sueli acreditava nas correntes pedagógicas da época, que sustentavam haver um momento preciso para a sociabilidade infantil. D. Eva continuava achando absurdo botar uma criança daquele tamanho na escola.

Luanda estava sempre com o cabelão black solto. Certo dia, voltou da escola com o cabelo preso. Sueli perguntou o motivo à professora, que disse ter prendido o cabelo da garota porque as outras crianças ficavam puxando. Estava armado o banzé. E Luanda saiu daquela escola.

Heloisa Pires de Lima, escritora e editora, havia montado, ainda na década de 1970, a Ibeji Casa-Escola. A proposta pedagógica, a biblioteca, a equipe profissional são consideradas referências na educação infantil ainda hoje. A comunidade escolar, bastante amiga, celebrava o 27 de setembro, festa dos ibejis — orixás infantis gêmeos —, com caruru. Luanda frequentou a Ibeji por toda a primeira infância e lembra com carinho do lago com girino, da horta, da tartaruga. Teve aulas de capoeira, música, comida natureba e muita liberdade.

Um pouco mais velha, já tinha instrumentos para se defender do racismo, infelizmente, tão frequente no ambiente escolar. Tinha doze anos, estudava no Colégio Caravela, na Vila Madalena, quando um colega falou: "Cala a boca, sua preta". Pronto. Ela foi até a direção dar queixa, por iniciativa própria. No dia seguinte, foi para a escola com uma camiseta da mãe com a estampa "Racismo é Crime". Passaram uma semana discutindo o que era racismo, para orgulho de Sueli.

As festas de aniversário de Luanda eram memoráveis, em grande parte graças à dedicação de Solimar, que passava meses e meses organizando todos os detalhes. Em um ano, o tema da festa foi zoológico, e a tia criou bicho por bicho. Em outro, ela fez livros, um por um, para cada criança. Confeccionava máscaras elaboradas. A meninada enlouquecia com a Xuxa preta, como brincava Sueli, referindo-se à irmã.

Toda noite Luanda pedia à mãe para contar a história da Rapunzel ou do João e o Pé de Feijão. Só dormia com uma ou outra, não havia o que fazer. Também jogavam xadrez com frequência. Maurice havia ensinado o jogo a Sueli, que só ganhou dele uma vez, embora tenha passado um bom período treinando e devorando livros que ensinavam as jogadas clássicas.

PARTE III: DISPUTA

26. Duas tentativas de mestrado

Sueli Carneiro havia concluído a graduação, e a academia lhe parecia um caminho óbvio a seguir. Planejou um projeto de mestrado sobre filosofia africana contemporânea.

No Departamento de Filosofia da USP, ouviu que ninguém poderia orientá-la, já que não havia nenhum especialista em tradição oral. Ela pretendia estudar o filósofo Paulin Hountondji, do Benim, reconhecido na Europa e nos Estados Unidos, mas que nenhum daqueles doutores uspianos conhecia. Para eles, na África não se produzia filosofia, tudo era tradição oral. Recomendaram a ela que procurasse o Centro de Estudos Africanos.

Em 1980, o antropólogo Kabengele Munanga chegara do Congo como docente da Universidade Federal do Rio Grande do Norte e naquele ano de 1981 estava de mudança para São Paulo, para dar aulas na FFLCH e compor o Centro de Estudos Africanos. Sueli ficou animada com a possibilidade de trabalhar com ele. O chefe do programa, porém, era Fernando Augusto Albuquerque Mourão, branco, que havia estudado em Portugal e se interessou em orientá-la. Kabengele ainda não tinha bala na agulha para brigar por ela, que até hoje o sacaneia: "Você me entregou para o colonialismo".

Sob o título *Leitura crítica da filosofia africana contemporânea*, ela apresentou o projeto de mestrado com a intenção de passar uma temporada, na metade da pesquisa, em alguma universidade africana, provavelmente no Congo. No segundo ou terceiro mês de pós-graduação, ela não aguentou. Mourão, simpatizante da ditadura, se inclinava a um comprometimento político do Centro de Estudos Africanos, por onde passavam as relações Brasil-África do período. Era um ambiente insustentável. Sueli já estava achando que a academia não era a sua praia quando o professor Octavio Ianni, da PUC, Pontifícia Universidade Católica de São Paulo, a convidou para fazer mestrado em filosofia. Nas décadas de 1950 e 1960, ele havia estudado raça e mobilidade social no Brasil, tanto no mestrado como no doutorado. Havia sido professor da USP até 1969, quando foi aposentado compulsoriamente pelo AI-5. Um dos fundadores do Centro Brasileiro de Análise e Planejamento, o Cebrap, ele então concentrava suas atividades na PUC.

Tudo corria bem no mestrado, até que ela sentiu que Ianni procurava enquadrar suas preocupações teóricas em determinados marcos. Não que não houvesse possibilidade de diálogo com o marxismo, havia; mas ela não queria nenhum enquadramento. Naquele instante Sueli compreendeu que, assim como não se dava com a direita, também não se dava com a esquerda.

A *Anthologie de la nouvelle poésie nègre et malgache de langue française*, marco do Movimento da Negritude liderado por Léopold Senghor, Aimé Césaire e Léon-Gontran Damas nos idos de 1930, foi publicada em 1948. O intelectual e poeta senegalês Senghor, organizador do livro, convidou Sartre para escrever o prefácio. O filósofo congolês V. Y. Mudimbe desancou o prefácio do francês, afirmando que ele havia jogado uma mortalha sobre a ideia de negritude. Que reduzira a complexidade dessa noção, fundamental para elaborar uma consciência negra e pan-africanista, a um possível caráter revolucionário. Sueli Carneiro havia lido essa crítica. Havia anos que vinha experimentando uma inquietude intelectual, a percepção de que para a universidade brasileira não existia pensamento fora do Ocidente. Tudo começava na Grécia. Era necessário fazer um esforço sobre-humano de retomar África em Aristóteles e Platão, contar todo o processo de expropriação do papel do continente africano na própria formação desses filósofos gregos, para depois chegar à filosofia africana, que era o que de fato interessava.

O que mais fez sentido para ela, naquele período, foi uma disciplina cursada na FFLCH-USP, ministrada pelo professor José Augusto Guilhon de Albuquerque, em 1984. Pela primeira vez ela pôde entrar em contato com o pensamento de Michel Foucault. Apesar de europeu, o filósofo crítico à modernidade também formulava teorias a partir da margem. Foucault foi uma espécie de mediador na experiência de Sueli com a academia, como ela escreveria anos depois, em sua tese de doutorado, "um elemento de fronteira, que conversa bem com todo mundo".

A noção de dispositivo que ele formulou foi para ela uma revelação, iluminando a potencialidade de compreender o dinamismo que impulsiona e configura as relações raciais no Brasil. Como trabalho final do curso, Sueli fez uma espécie de fluxograma,[1] uma síntese esquemática das articulações entre saber, resistência e raça, como efeitos de poder do racismo e da discriminação racial. Ali estava concebida, embora não nomeada, a ideia de um dispositivo de racialidade que vinte anos depois ela pôde elaborar na tese defendida em filosofia da educação.

Era inusitado entregar um fluxograma como trabalho no curso de filosofia, mas fazia muito sentido para Sueli, naquele momento, organizar as coisas daquele modo. Na CET, ela produzia muitas tabelas e se inclinava a formatar a informação de modo visual. Relacionou a teoria a trechos de notícias de jornal e imagens do movimento negro do período. Foi aprovada sem questionamento. Mas do processo do mestrado como um todo, com aqueles enquadramentos, Sueli desistiu. Preferiu abandonar o curso num gesto de rebeldia, afirmando que não reduziria suas formulações de modo a enquadrá-las naquela forma. Octavio Ianni foi generoso e acolhedor: "O.k., você pode ir. Ninguém é obrigado a fazer pós-graduação. Mas não deixe de escrever. A universidade não é o único caminho para expressar o pensamento. Não deixe de escrever". Grande intelectual, Ianni era também um professor doce e sensível.

O chamado do ativismo também gritava. Além da responsabilidade política, havia uma empolgação acelerada que não cabia na universidade. No ativismo, era necessário produzir conhecimento, argumentos, consumir literatura para traçar estratégias que seriam aplicadas de imediato. Para quem tem urgência, pode ser difícil lidar com o tempo da universidade. Mulheres brancas constituíram o campo dos estudos de gênero na academia em diálogo com a atuação ativista feminista. Já o movimento negro e o movimento de mulheres negras não constituíram um campo de pesquisa.

Durante décadas, negras e negros foram objetos de estudo nas ciências humanas, não produtores de conhecimento. A Escola Paulista de Sociologia se consolidou com pesquisas de homens brancos sobre a população negra. Florestan Fernandes, João Baptista Borges Pereira, Octavio Ianni, Fernando Henrique Cardoso. Produzir conhecimento na universidade de uma perspectiva negra foi, e ainda é, muito penoso.

Mas, apesar de ter se afastado da academia, Sueli Carneiro ouviu o conselho do professor e continuou escrevendo. Sobretudo para organizar e qualificar as reflexões a serem lidas por ela mesma em debates e exposições orais. Com o tempo, foi percebendo a escrita como instrumento de combate, a partir da produção de argumentos contra o racismo e o sexismo. Cada um dos textos da filha de Ogum foi uma espada numa batalha.

27. Busca por sustentação

Em 1980 Sueli Carneiro foi aprovada no "II Concurso de dotações para pesquisas sobre a mulher", da Fundação Carlos Chagas (FCC), criado e coordenado pela feminista Cristina Bruschini, em parceria com Carmem Barroso, então coordenadora da instituição. Entre 1978 e 1998, oito edições financiaram cerca de trezentas pesquisas que abordavam diversos temas relacionados à condição da mulher.

Com apoio financeiro da Fundação Ford, eram realizados seminários, publicavam-se coletâneas e oferecia-se acompanhamento intelectual às autoras, em uma proposta formativa. Além de Cristina Bruschini e Carmen Barroso, outros nomes importantes do feminismo estavam engajados na organização das atividades e orientação das pesquisas: Marly Cardone, Betty Mindlin, Eva Blay, Felícia Madeira, Walnice Galvão, Glaura Miranda, Neuma Aguiar, Heleieth Saffioti, Albertina de Oliveira Costa, Heloísa Buarque de Hollanda, Celi Regina Pinto, Bila Sorj, Maria Odila Leite da Silva Dias e Lourdes Bandeira.

Sueli foi aprovada em dupla com uma colega da USP que

cursara sociologia e depois se tornaria uma grande amiga, Cristiane Cury, a Tiane. Quando estavam na USP, Tiane se interessara por estudar o candomblé e procurou Sueli.

Fizeram juntas o projeto de pesquisa para a Fundação Carlos Chagas que resultou em dois textos: "O candomblé", apresentado em 1982, no Terceiro Congresso de Cultura Negra das Américas, e "Poder feminino no culto aos orixás", publicado na *Revista de Cultura Vozes*, em 1990. Ambos republicados em livros, revistas e páginas na web nas décadas seguintes. Algum tempo depois, começaram a desenvolver uma pesquisa sobre a comunidade sírio-libanesa, com a qual Cristiane tinhas ligações de sangue, mas não deram continuidade a ela.

Para o projeto da fundação, entrevistaram filhas e filhos de santo, ialorixás e babalorixás; leram Ruth Landes, Roger Bastide, Leni Silverstein, Pierre Verger, Juana Elbein Santos, Elyette Magalhães, pesquisadores do candomblé e da cultura nagô. E participaram de inúmeras festas e atividades em casas de santos. Desde o início dos anos 1970, Sueli já tinha um interesse de pesquisadora pelas roças e terreiros que frequentava com Maurice; tendo em vista a produção teórica a respeito do assunto, essa postura se acentuou.

A intenção delas era compreender como se organizava um pensamento negro, de uma perspectiva não ocidental, e qual era o papel da mulher e do feminino naquela visão de mundo. Sueli e Tiane ficaram satisfeitas com o resultado, sobretudo com a formulação de que, no sistema de representações míticas do candomblé, as transgressões condenadas pela moral judaico-cristã eram compreendidas e reequacionadas a partir de uma visão de mundo não maniqueísta. Era como se nas iabás, orixás femininos, Sueli pudesse encontrar representações que davam conta de mulheres como Maricota, a vizinha sambista da Vila Bonilha, que não cabiam nas dicotomias de boa/má, santa/puta.

Este sistema de representações, particularmente as mulheres míticas, oferecem às sacerdotisas diferentes vivências que a sociedade patriarcal nega. Os deuses africanos legitimam transgressões que a moral judaico-cristã, institucionalizada, condena; possibilitam ainda a compreensão e o reequacionamento de uma gama de conflitos oriundos da visão maniqueísta que esta mesma moralidade impõe.[1]

A escrita desse texto era também uma busca de identidade e sustentação emocional, um mergulho nas tradições, mesmo que teórico, fundamental para balizar a perspectiva de feminismo que anos depois Sueli iria propor com outras mulheres negras.

Parece-nos, pois, que neste espaço aberto para vivências diferenciadas das propostas socialmente reside fundamentalmente o interesse hoje pelo candomblé por outros segmentos sociais. O candomblé propicia à mulher abrir um espaço de competição com o homem e a sociedade machista, que a rigor não lhe é dado. Apoiada nos orixás, ela justifica uma possível rejeição ao homem, com ele se confronta abertamente e, em alguns casos, afirma sua capacidade de superá-lo.[2]

Em agosto de 1982, aconteceu no Tuca, Teatro da Universidade Católica de São Paulo, o III Congresso de Cultura Negra das Américas, no qual Sueli Carneiro apresentou o estudo sobre o poder feminino no culto aos orixás e participou de um debate sobre mulheres negras. Esse terceiro congresso foi o primeiro realizado no Brasil.

No Sistema de Informações do Arquivo Nacional há um relatório confidencial do Sistema Nacional de Informação (SNI) sobre o congresso, com uma descrição detalhada das falas e intervenções, da programação e do material de divulgação do encontro. Nenhuma daquelas mulheres imaginava que essas informações estivessem sendo registradas para mais tarde serem catalogadas e organizadas como memória do regime militar.

O I Congresso de Cultura Negra, em 1977, havia acontecido em Cali, na Colômbia; o segundo, em 1980, no Panamá. Foram momentos importantes para a organização política de uma diáspora negra no continente a partir da dimensão da cultura.

28. Bloco afro Alafiá

Em 1982, Sueli Carneiro apresentou um projeto ao CNPq, Conselho Nacional de Desenvolvimento Científico e Tecnológico, para pesquisar o movimento negro paulista nas eleições. O projeto foi aprovado, e ao longo da pesquisa pareceu fazer mais sentido produzir um texto que trouxesse um pouco da memória do movimento. Sueli realizou entrevistas com lideranças do movimento negro, foi a palestras e debates em São Paulo e Salvador, cursou uma disciplina de metodologia no Departamento de Antropologia da FFLCH, leu muito. Além de Hasenbalg e Lélia Gonzalez, ela estudou Fanon e autores pan-africanistas. No texto final, definiu o movimento negro como

> todas as diferentes formas de mobilização e organização que a população negra desenvolveu no passado e que teve, através da Frente Negra Brasileira e do Movimento Negro Unificado, as suas expressões políticas mais avançadas e seu grau maior de visibilidade já alcançado na sociedade abrangente.

É nesta perspectiva que entidades negras culturais, religiosas ou de lazer e suas lideranças são tratados neste trabalho com a mesma importância que as lideranças políticas/ideológicas, posto que são aqui representadas como diferentes modos de equacionamento de uma mesma luta, que se espraia dentre os limites do que poderíamos chamar de resistência étnico/ cultural à ofensiva política/ ideológica.

A dimensão da cultura sempre foi importante para a população negra. Todos que visitavam Salvador voltavam extasiados com a experiência do bloco afro Ilê Aiyê, criado em 1974, no bairro do Curuzu, por Vovô, Antônio Carlos dos Santos, com a benção de Mãe Hilda Jitolu, ialorixá do Ilê Axé Jitolu, e sua mãe biológica.

Inspirando-se no Ilê Aiyê, Sueli e Solimar Carneiro, Rafael Pinto, Edna Roland, Flávio Jorge, Ciro Nascimento, ligado à Escola de Samba Vai-Vai, e mais algumas pessoas decidiram criar um bloco. E assim nasceu o bloco afro Alafiá — cujo nome vem de uma posição dos búzios no jogo do candomblé que significa que está tudo certo. As primeiras reuniões aconteceram na casa da rua Gioconda, onde o bloco Ilê Aiyê também foi recepcionado em sua primeira visita a São Paulo. Mais tarde o Alafiá conseguiu espaço para ensaiar na quadra da escola de samba Império do Cambuci.

Os ensaios aconteciam todo domingo, a partir das três da tarde. Tocavam, dançavam e compunham versos como "Alafiá, Alafiá/ A força de Oxalá/ É a nossa união/ O alafiá combate o racismo/ E também a repressão", de Aldemar Vasconcellos de Abreu.

29. Conselho Estadual da Condição Feminina

Em novembro de 1982, depois de quase vinte anos de governadores e prefeitos biônicos — indicados pelos militares —, ocorreriam eleições livres no Brasil. Era a transição para a democracia, marcada pela influência de quem resistira ao governo militar e pela emergência das lutas populares e movimentos sociais. Na década de 1970, além das articulações políticas do movimento negro, os movimentos sociais urbanos se estruturaram pela demanda por moradia, creches, postos de saúde, esgoto, luz, água, ruas pavimentadas. No cenário internacional, a partir do final dos anos de 1960, mobilizações da sociedade civil ganharam corpo nos Estados Unidos e na Europa — houve o Maio de 1968 francês, o movimento de direitos civis norte-americano, o movimento hippie.

Em 1962, o Conselho das Nações Unidas sobre o Status da Mulher havia proposto a criação de órgãos nacionais de políticas públicas para a mulher. Entre 1976 e 1985, a ONU implementou a Década da Mulher, quando a maior parte dos países criou instituições e políticas focadas na situação da mulher.

Eva, ao lado do pai, Gabriel, e de uma de suas irmãs, Campinas (SP), final da década de 1920.

Eva e José Horácio, mãe e pai de Sueli Carneiro, em 1949.

Sueli Carneiro no colo da mãe, em 1950, com o pai e amigos.

Sueli Carneiro na década de 1970.

Sueli Carneiro na formatura da escola primária, década de 1950.

As irmãs e irmãos Carneiro. Da esq. para a dir., em pé: Solange, Sueli, Solimar, Geraldo; sentados: Celmo, Suelaine e Gersio.

Casamento de Sueli e Maurice, com Fortunee e Albert, 1973.

```
CARNEIRO - Aparecida Sueli


relação de al. curs. psicol. USP
                        50-C-0-2396
```

Ficha de Sueli Carneiro no Deops, disponível no Arquivo Público do Estado de São Paulo.

Luanda no colo de Celmo, ao lado de Gersio, no início da década de 1980.

Com Benedita da Silva, no III Encontro Feminista Latino-Americano e do Caribe (Eflac), em Bertioga (SP), 1985.

Iniciação de Sueli Carneiro no candomblé, com Suelaine (à esq.) e Nilza Iraci.

Sueli, Luanda e Maurice, no final da década de 1980.

Cartaz de divulgação do Tribunal Winnie Mandela, 1988.

Última atividade do Tribunal Winnie Mandela, em novembro de 1988.
Eva, mãe de Sueli, está sentada na terceira fileira, na segunda cadeira (da dir. para a esq.).

I Encontro Nacional de Mulheres Negras
em Valença (RJ), dezembro de 1988.

Sueli Carneiro em seminário promovido em comemoração
aos dez anos do Geledés, em 1998.

Sueli Carneiro participa de homenagem a Nelson Mandela no Brasil, em 1991.

Equipe de Direitos Humanos do Geledés, na década de 1990.

Luanda com a avó Eva, em 2009.

Sueli Carneiro recebe o Prêmio de Direitos Humanos do governo da França, pelas mãos do primeiro-ministro Lionel Jospin, Paris, 1998.

Atividade preparatória para a Conferência de Durban.

Na Cidade do Cabo, África do Sul, com alguns dos participantes brasileiros do seminário internacional Beyond Racism: Race and Inequality in Brazil, South Africa, and the United States, março de 1998. Da esq. para a dir., em pé: Zuenir Ventura, Mary Ventura, Hélio Santos, Cindy Lessa, Sueli Carneiro (abaixada); sentados: Diva Moreira, Elisa Larkin, Abdias do Nascimento, Cida Bento, Sérgio Martins e Ivanir dos Santos.

Defesa da constitucionalidade das cotas raciais em audiência pública no STF, em 2010.

Na Marcha das Mulheres Negras, com Luiza Bairros (à esq.) e Vilma Reis, Brasília, 2015.

Comemoração dos trinta anos do Geledés, em 2018. Da esq. para a dir., em pé: Érika Mourão, Nilza Iraci, Jurema Werneck, Sueli Carneiro, Katia Mello (atrás), Leci Brandão, Helena Theodoro, Bel Clavelin (atrás), Lúcia Xavier; agachadas: Maria Sylvia Oliveira, Suelaine Carneiro e Regina Adami.

Debate "Mulheres transgêneras e cisgêneras: Quais encruzilhadas nos aproximam", em julho de 2019, na Aparelha Luzia. Da esq. para a dir.: Charô Nunes, Cinthia Gomes, Angela Brandão, Maria Clara Araújo, Juliana Gonçalves (abaixada), Erica Malunguinho, Patrícia Borges, Sueli Carneiro, Neon Cunha, Mahu Lima e Terra Johari.

Lançamento de *Escritos de uma vida*, com Djamila Ribeiro, em Porto Alegre, 2019.

Com Conceição Evaristo, em 2019.

Com Angela Davis nos bastidores do Auditório Ibirapuera, em São Paulo, 2019.

Com Douglas Belchior, no estádio Maracanã, no Rio de Janeiro, em jogo do Flamengo contra o Palmeiras, 2018.

Com Luanda, em Amsterdam, 2019.

Em todo o Brasil, diversos setores e entidades que tinham a democratização como bandeira comum se articularam para lançar candidaturas ao Legislativo e pautar os programas de governo do Executivo. Embora parte do movimento de mulheres manifestasse certa desconfiança dos governos e defendesse a autonomia do movimento, um grupo de feministas paulistas elaborou uma plataforma de reivindicações para apresentar ao então candidato ao governo estadual André Franco Montoro, do MDB. Firmou-se então o compromisso de criação do Conselho Estadual da Condição Feminina de São Paulo, caso Montoro fosse eleito — o que se confirmou.

O grupo de feministas era liderado por Eva Blay, professora do Departamento de Sociologia da USP, pioneira nos estudos de gênero, que mais tarde seria eleita senadora suplente pelo PSDB, assumindo o cargo entre 1992 e 1995. Em março de 1983, Montoro tomou posse como governador, e em 12 de setembro foi nomeado o Conselho Estadual da Condição Feminina, o primeiro do país, composto por quinze mulheres — seis funcionárias das diferentes secretarias do estado e nove representantes da sociedade civil —, além de nove suplentes.[1] Nenhuma negra.

Marta Arruda, radialista negra muito ouvida à época, fez uma campanha na imprensa. Não diretamente contra o governo, mas convocando mulheres negras à insurgência. "Cadê vocês? Covardes! Vejam o que está acontecendo. Mulheres negras não têm vergonha na cara? Estão fazendo um conselho de mulheres sem nenhuma negra presente, nas barbas de vocês." Sueli conta que nem estavam acompanhando o tal conselho, mas Marta fez um barulho terrível, com muita repercussão.

No Rio de Janeiro, naquele ano de 1983, a antropóloga Lélia Gonzalez havia criado o Nzinga Coletivo de Mulheres Negras. E em São Paulo não havia nenhuma organização de mulheres negras. Intimadas por Marta Arruda, mulheres negras que se conheciam pelo movimento negro ou feminista pediram uma reunião com a Comissão Executiva do Conselho. Não havia existido discriminação na composição do conselho, disse a comissão, a ausência de mulheres negras era fruto da falta de organização delas próprias. Naquele 6 de outubro de 1983, logo depois da reunião, Sueli Carneiro, Marta Arruda, Thereza Santos, Sônia Nascimento, Solimar Carneiro, Edna Roland, Vera Saraiva, dentre outras, criaram o Coletivo de Mulheres Negras. Por consenso, decidiram que Thereza Santos tinha o engajamento e o compromisso necessários para representar as mulheres negras no conselho. Depois dessa primeira conquista, o coletivo passou a promover reuniões quinzenais e abertas. Na primeira, no dia 10 de outubro de 1983, distribuíram panfletos com chamadas públicas para os encontros, como a seguinte:

Comunicado às mulheres negras paulistas,
a partir da polêmica instaurada a propósito da participação de uma representante das mulheres negras paulistas no Conselho Estadual da Condição Feminina, um grupo de mulheres negras composto por mulheres negras pertencentes a diferentes entidades negras e ainda mulheres negras independentes vem se reunindo quinzenalmente com o objetivo de discutir as questões específicas relativas às mulheres negras.

Em função das características de grupo, acima citado, este foi nomeado "Coletivo de Mulheres Negras", pois consideramos que este nome expressa a realidade do grupo, ou seja, o fato dele congregar mulheres negras com as mais variadas perspectivas quanto à luta contra a discriminação racial.

Assim sendo, convidamos todas as companheiras negras a engrossarem este Coletivo de Mulheres Negras, trazendo a contribuição de sua experiência e suas sugestões, de maneira que, juntas, possamos encontrar as formas de luta adequadas à solução de nossos problemas.

As reuniões do "Coletivo de Mulheres Negras" estão se realizando no prédio da Fundap— Fundação do Desenvolvimento Administrativo, sito à rua Alves Guimarães, n. 429, sala 309, estamos próximas à reunião marcada para o dia 22 de novembro vindouro, a partir das 10 horas.

Contamos com sua presença e colaboração

Marta Arruda

coordenadora

Coletivo de Mulheres Negras

Obs.: essa rua Alves Guimarães inicia-se no número 1278 da avenida Rebouças

Em sua autobiografia,[2] Thereza Santos escreveu sobre as dificuldades e boicotes que as militantes negras enfrentavam. Não só havia apenas conselheiras brancas, como a presidenta Eva Blay foi a única a comparecer à posse de Thereza, cujos posicionamentos eram sempre motivo de objeções e conflitos. O clima era de constante constrangimento e disputa. "Elas não escondiam, de forma alguma, a discriminação e o racismo, e recebiam sempre resposta à altura", escreveu Thereza Santos em 1991.

Não bastasse a tensão com as feministas brancas dentro do conselho, o Coletivo de Mulheres Negras era observado de perto pela Agência São Paulo, do SNI. Em novembro de 1984, um relatório interno chamado "Atividades de movimentos negros em São Paulo" mapeava o coletivo e registrava:

Desde 78, os grupos negros que atuam em SÃO PAULO — transformaram o dia 13 Maio — data da Abolição da Escravatura — em data de protesto e passaram a contestar a "abolição e a visão de democracia racial existente no BRASIL". No dia 13 de maio de 84, vários grupos e movimentos negros realizaram ato de protesto no largo 13 de Maio, em Santo Amaro, zona sul desta capital, contra a Lei Áurea [...]. O ato pediu eleições "diretas já" e Assembleia Nacional Constituinte "para o estabelecimento de fato da liberdade do negro e do trabalhador assalariado".

Nos dias 10, 11 e 12 ago. 84, realizou-se no Palácio das Convenções do Anhembi, em SÃO PAULO/SP, O I ENCONTRO ESTADUAL DA MULHER NEGRA, promovido pelo COLETIVO DE MULHERES NEGRAS DE SÃO PAULO. Nesse Encontro, foram discutidos os seguintes temas, entre outros:

— Participação Política,
— Mercado de Trabalho,
— Violência,
— Mulher Negra x Mulher Branca.

SUELI CARNEIRO, integrante do COLETIVO DE MULHERES NEGRAS, afirmou, durante o Encontro: "A discriminação racial, pois somos negras, e a sexual, pois somos mulheres, atravessa todo o nosso cotidiano e influência até as relações afetivas. Vai desde a escola e o trabalho até os livros didáticos (ausência ou perversão da história ou estereótipos negativos) e a forma como sua imagem é veiculada pelos meios de comunicação".

O documento confidencial esteve na Abin, Agência Brasileira de Inteligência, até dezembro de 2005, quando foi entregue anonimamente, em meio a centenas de outros, ao Arquivo Nacional, em sua coordenação regional de Brasília.

No Palácio dos Bandeirantes, sede do governo de São Paulo, o conselho em si era considerado um problema. Avaliavam nos bastidores que o relacionamento de movimentos sociais com a administração pública seria complicado, e a confusão inicial provocada pela não nomeação de mulheres negras era uma amostra disso. Para efetivar a nomeação de Thereza Santos, o coletivo contou com o apoio de Hélio Santos, militante do movimento negro que trabalhava como assessor do governador.

Inspirados pela conquista das mulheres, alguns setores do movimento negro passaram a demandar um conselho específico. A democracia racial ainda era a ideologia dominante, e o senso comum reafirmava que no Brasil todas as raças viviam em harmonia. Então, para muitas pessoas, a existência de um conselho negro instauraria o racismo. Entre embates, em 1984 foi implementado o Conselho da Comunidade Negra, com a liderança de Hélio Santos. E como todo mundo sabia da confusão que as mulheres negras podiam causar, foram nomeadas seis conselheiras, em um total de 37 pessoas. Ainda sem paridade de gênero, mas algo inédito naquele período.

No Conselho Estadual da Condição Feminina, a rotina de Thereza Santos era brigar por espaço para a questão da mulher negra. Quando, naquele mesmo 1984, Eva Blay fechou com a Editora Nobel a publicação de uma coleção dedicada à Década da Mulher, Thereza demandou: "Nós queremos um volume. Vamos escrever um livro específico sobre a mulher negra". "E quem é que vai fazer?", perguntaram as mulheres brancas. "Nós temos massa crítica para isso. Nós fazemos", respondeu Thereza com a altivez costumeira. Ao final da reunião, dirigiu-se a Sueli: "Eu disse que a gente vai fazer, entendeu? Agora você faz".

E o livro foi feito, tendo sido o primeiro estudo do país a desagregar os indicadores sociais de gênero, raça e classe, isto é, botar no papel os números das desigualdades entre mulheres brancas e negras no Brasil. Hasenbalg o revisou e disse à autora, em tom provocador: "Até que você não se saiu muito mal como socióloga".

Sueli Carneiro fez as tabulações à unha, com máquina de calcular, a partir dos dados do censo. Sob o título *Mulher negra: Política governamental e a mulher*, o livro inaugurou uma área de estudos. Publicado em 1985, constituiu uma raridade disputada até 2018, quando foi reeditado em *Escritos de uma vida*, coletânea de artigos e ensaios que inaugurou o Selo Sueli Carneiro, coordenado por Djamila Ribeiro, primeiro na editora Letramento, depois na editora Pólen. O selo pretende publicar produções literárias negras brasileiras e traduções de mulheres latinas e caribenhas.

Outra realização importante do Conselho Estadual da Condição Feminina no período foi a criação da primeira Delegacia de Defesa da Mulher, também em 1985, um marco nas políticas de gênero e de segurança pública. Replicada em todo o Brasil e em diversos países, é uma delegacia específica para o atendimento de mulheres, com equipe composta majoritariamente por mulheres, para facilitar denúncias de crimes de violência doméstica e abuso sexual.

No primeiro dia, uma fila de mais de quinhentas mulheres se formou em frente à delegacia, no parque Dom Pedro, no centro de São Paulo. Nos três primeiros anos, mais de 40 mil mulheres foram atendidas nas delegacias estruturadas, uma em cada região da cidade de São Paulo, sem contar a do centro: Santo Amaro, na zona sul; Vila Sônia, na zona oeste; Freguesia do Ó, na zona norte; e Itaquera, na zona leste. A temática da violência doméstica ganhou visibilidade a partir daí.

Ainda em 1985, aconteceu o III Encontro Feminista Latino-Americano e do Caribe (Eflac), em Bertioga, litoral paulista. Os encontros, que reuniram 850 mulheres, das quais 116 se declararam negras ou mestiças, eram espaços de reflexão e formulação de estratégias do movimento. Na maior parte das fotografias do evento, Sueli Carneiro aparece ao lado de mulheres negras, tanto companheiras do Coletivo e do Conselho Estadual, quanto de outras regiões do país. De um modo geral, a questão da raça es-

132

tava ausente da programação — as mulheres negras se agrupavam e o ambiente com as mulheres brancas ficava tenso.

A publicação do livro *Mulher negra*... foi determinante não só para pautar o debate racial no feminismo, no âmbito nacional e na América Latina, como também para orientar os rumos do Conselho Estadual da Condição Feminina. Estava provada a desigualdade socioeconômica entre mulheres brancas e negras — escolarização, ocupação, renda — e a necessidade de um viés racial em qualquer política que viesse a ser proposta, além da estruturação de políticas específicas para as mulheres negras. A política feminista começava a ser enegrecida.[3]

Sueli Carneiro foi eleita conselheira do Conselho Estadual e, em maio de 1986, possibilitou a institucionalização, dentro do órgão, da Comissão para Assuntos da Mulher Negra. Com uma equipe que chegou a ter vinte mulheres negras, as integrantes da comissão foram se inteirando sobre a máquina do Estado e ganhando experiência na burocracia, sempre tentando formular políticas públicas de modo participativo e implementá-las, apesar da privação orçamentária.

Enegreceram de fato o órgão estadual, então localizado na rua Estados Unidos, 346. Além da Comissão para Assuntos da Mulher Negra, alocaram profissionais negras em todas as áreas: saúde da mulher, planejamento familiar, educação, trabalho, violência, creche. Em dezembro de 1986, o conselho divulgou a publicação: *Mulher negra: Dossiê sobre a discriminação*, com dados e reflexões sobre as desigualdades e discriminações no trabalho, na escola, no controle de natalidade, na violência policial e nas doenças psiquiátricas. Da equipe técnica da publicação, faziam parte Sueli Carneiro, Maria Lúcia da Silva e Marly de Souza Corrêa, também presentes na Comissão para Assuntos da Mulher Negra, junto com Conceição Mendes de Almeida, Deise Benedito, Elza Maria de Jesus, Ilma Fátima de Jesus, Solimar Carneiro, Sônia Maria Nascimento e Vera Lúcia Benedito.

A publicação apontava caminhos possíveis para o fim do racismo em três passos: 1. reconhecer a situação; 2. divulgar; 3. combater. "Reconhecer e difundir não basta. A denúncia é uma forma de combate que, se feita sistematicamente, cumprirá um papel não só de conscientização da sociedade, mas também de mobilização dos negros. Portanto denuncie. Denuncie, denuncie, denuncie!", registrava o texto.

Ainda na década de 1980, formularam-se estratégias para uma educação antirracista e antissexista, para o combate à violência psíquica e simbólica decorrente da desvalorização da estética da mulher negra, para a atenção específica às doenças de prevalência na população negra. Promoveram-se seminários e debates em todo o estado de São Paulo. Em 1987, Sueli Carneiro foi eleita secretária-geral do Conselho.

Outra publicação importante do período foi o calendário "Mulheres negras no Brasil — Recuperando a nossa história", organizado por Sueli Carneiro e Silvia Cintra Franco. Doze biografias, uma a cada mês, com mulheres como Auta de Souza, poeta do Rio Grande do Norte do século xix; mãe Aninha, fundadora do terreiro Ilê Axé Opô Afonjá, patrimônio histórico cultural, importante articuladora política do fim à proibição dos cultos afro-brasileiros em 1934; sua sucessora Maria Bibiana do Espírito Santo, Mãe Senhora, uma personalidade extraordinária, das mais poderosas ialorixás, embaixatriz entre Brasil e África; Mãe Menininha do Gantois, líder comunitária de grande projeção.

Enfim, ao longo da redemocratização, o movimento feminista se mostrou bastante vigoroso. Se o Conselho Estadual da Condição Feminina de São Paulo era, em si, uma novidade que chamava a atenção de todo o país, o pioneirismo do protagonismo das mulheres negras era ainda mais expressivo.

30. Filha de Ogum, ekedi de Iansã

Em uma viagem ao Rio de Janeiro, Sueli Carneiro teve a oportunidade de estar com Agenor Miranda Rocha, o Pai Agenor, um dos mais antigos babalaôs do país, homem de grande importância na história do candomblé do Brasil. Era uma noite especial, ele estava fazendo um trabalho para Iroko, orixá associado ao tempo, que pouquíssimas pessoas saberiam fazer. Jogou búzios para ela e alertou: "No dia que você encontrar um pai ou uma mãe de santo que diga que você é filha de Ogum, aí você pode fazer o santo". Ou seja: ela poderia ser iniciada no candomblé

Sueli tinha 36 anos quando o Ifá, oráculo do jogo de búzios, anunciou o que Pai Agenor havia antecipado. Arakaçu, um pai de santo jovem, então com 26 anos, foi visitar Fátima e Tadeu, filhos que moravam na rua Gioconda Mussolini, e ela acabou jogando com ele. Aquele rapaz seria seu pai de santo.

Depois de Sueli, Solimar, Maria Lúcia, do Cecan e depois do Coletivo de Mulheres Negras, e uma irmã dela jogaram com ele também. O vínculo se consolidou rapidamente e se juntaram aos vizinhos que já eram filhos de santo dele, com mais duas ou três pessoas, para constituir uma casa de candomblé. Alugaram um imóvel no Parque Peruche, perto da escola de samba homônima. Lá, Sueli fez o santo, tornando-se filha de Ogum, e recebeu o cargo de ekedi de Iansã, zeladora de orixá.

Poucos anos depois, com problemas para pagar o aluguel, levaram todos os apetrechos para a casa da rua Gioconda, que passou a também abrigar o candomblé, além de ser o lugar onde Luanda e Sueli moravam. Os atabaques ficavam guardados embaixo da escada, e Luanda, ainda menina, não descia de noite, mesmo se tivesse fome ou sede, por medo dos tambores — mas esperava ansiosa as festas dos erês para poder brincar com sua amiga erê Estrelinha. Construíram um quartinho na parte de cima da casa, onde foi feito o ritual de iniciação de uma filha de Iemanjá. O Ogum de Sueli, com seus objetos e ferramentas específicas, está lá também.

Sueli vive de acordo com as histórias de Ogum, o Édipo africano que protege a mãe, carrega o pai nas costas, faz o que tem de ser feito. Seu papel é resolver. Viver em harmonia com o seu orixá é a maior proteção que ela acredita poder ter.

Três meses depois de ser iniciada, em outubro de 1986, Sueli assumiu um cargo em Brasília: Jacqueline Pitanguy, que havia assumido a presidência do conselho, a convidou para coordenar o Programa da Mulher Negra do Conselho Nacional dos Direitos da Mulher.

31. Conselho Nacional dos Direitos da Mulher

Entre 1983 e 1984, o movimento das Diretas Já reunia representantes de toda a sociedade civil. Em 1984, uma série de comícios em todo o país mobilizou milhões de pessoas que foram às ruas por eleições diretas para presidente. Paralelamente ao que se estava construindo no Conselho Estadual da Condição Feminina e ao movimento das Diretas Já, um grupo de feministas procurou o então governador de Minas Gerais, Tancredo Neves. Pediam, caso ele fosse eleito presidente da República nas eleições indiretas de janeiro de 1985, a criação de um órgão federal de políticas para mulheres. Tancredo se comprometeu a enviar um projeto de lei ao Congresso Nacional, em vez de assinar um decreto, para que o processo de estruturação do Conselho Nacional dos Direitos da Mulher, CNDM, fosse o mais democrático possível.

Com a morte de Tancredo, esse mesmo grupo construiu uma articulação no Congresso, e o presidente José Sarney, em agosto de 1985, sancionou a lei nº 7353, que cria o conselho "com a finalidade de promover, em âmbito nacional, políticas que visem a eliminar a discriminação da mulher, assegurando-lhe condições de liberdade e de igualdade de direitos, bem como sua plena participação nas atividades políticas, econômicas e culturais do País".

O conselho respondia diretamente ao presidente da República, mas suas instalações ficavam no Ministério da Justiça. Era composto por um conselho deliberativo, uma diretoria executiva e uma diretoria técnica, formada por comissões temáticas. Sua implementação era um passo importante para o Brasil efetivar as diretrizes da Década da Mulher, implementada pela ONU, que ganharam repercussão depois da III Conferência Mundial sobre a Mulher, de 1985, em Nairobi.

Ruth Escobar foi a primeira presidenta do Conselho Deliberativo, composto por Lélia Gonzalez, Benedita da Silva, Jacqueline Pitanguy, Rose Marie Muraro, Ruth Cardoso, entre outras.

Em janeiro de 1986, Ruth Escobar, seis meses depois de ter sido nomeada, deixa o conselho, e Jacqueline Pitanguy assume a presidência. O quadro técnico estava dividido em dez áreas: violência, saúde, creche, educação, cultura, trabalho, mulher negra, mulher rural, legislação, além de documentação e comunicação.

O documento "Infiltração comunista nos diversos setores de atividade", produzido em 1986, pelo Cisa, Centro de Informações da Aeronáutica, registrava a presença de Jacqueline Pitanguy, Lélia Gonzales e outras onze mulheres no Ministério da Justiça, onde o Conselho Nacional estava alocado. Ainda que o regime militar estivesse em seus estertores, as atividades continuavam a ser monitoradas e registradas em relatórios e dossiês.

Como representante do Conselho Estadual de São Paulo, Sueli Carneiro participou das atividades iniciais do Conselho Nacional sobre a campanha Alerta da Mulher para a Constituinte. O slogan "Constituinte para valer tem de ter direitos da mulher" teve grande repercussão entre 1986 e 1988. As mulheres demandavam participação igualitária nas listas eleitorais para cargos eletivos dos partidos; a realização de seminários permanentes sobre a condição da mulher visando à formação de quadros nos partidos; a integração de mulheres em todos os escalões dos governos federal, estaduais e municipais; a aprovação de um novo Código Civil e a modernização do Código Penal.

A campanha[1] foi lançada em todas as capitais e havia uma caixa postal para incentivar a população a enviar sugestões relativas aos direitos das mulheres a serem incluídas na Constituição. Um grupo de juristas *pro bono* trabalhou na sistematização desse material e, a partir dele, criou-se uma plataforma para a Assembleia Nacional Constituinte, que também havia aumentado a proporção de deputadas eleitas.

Em agosto de 1986, 2 mil mulheres participaram do Encontro Nacional Mulher e Constituinte. Benedita da Silva e Lélia Gonzalez, que compunham o Conselho Nacional dos Direitos da Mulher, participaram do debate que depois organizou doze comissões, por temas, para discutir e deliberar sobre as propostas a serem encaminhadas à Assembleia Constituinte. Na Comissão Discriminação Racial, Benedita e Lélia inscreveram as demandas das mulheres negras.

Antes das eleições, elas haviam promovido encontros de candidatas a fim de discutir a importância de mulheres no Legislativo e apresentar subsídios e sugestões para que as candidatas incorporassem, em suas propostas de campanha, questões ligadas à mulher. Uma das principais dificuldades era fazer os convites, já que nem os partidos nem os tribunais eleitorais tinham listas de candidatas.

A atuação do Conselho Nacional em articular uma bancada feminina suprapartidária na Assembleia Constituinte, mais os conselhos estaduais e municipais, universidades, sindicatos e organizações feministas, foi essencial para a elaboração da Carta das Mulheres Brasileiras aos Constituintes, a partir das contribuições por telefone de gente de todo o país. O princípio geral era a revogação automática de todas as disposições legais que implicassem algum tipo de discriminação.

A carta foi entregue em 2 de março de 1988 ao então deputado Ulysses Guimarães, presidente do Congresso Nacional, em Brasília, e em diversas assembleias estaduais, no mesmo dia e hora, como símbolo de que se tratava de uma ação efetivamente nacional: Alagoas, Ceará, Goiás, Pará, Paraná, Rio Grande do Norte, São Paulo e Sergipe.

Organizações de mulheres do país todo estavam diariamente no Congresso Nacional conversando com as lideranças dos partidos, com parlamentares e sua assessoria. Era o chamado Lobby do Batom, um trabalho de incidência política dentro do Congresso que enviava constantemente emendas substitutivas e constitutivas à Assembleia Constituinte. As pautas e o método de ação estavam sendo criados organicamente pelo movimento de mulheres e as organizações feministas.

A maior parte das reivindicações, cerca de 80%, foi incluída na nova Constituição ou nas mudanças nos códigos civil, penal e outras leis complementares. Pela primeira vez na história do Brasil, mulheres e homens foram considerados iguais em direitos e obrigações. Crianças adotadas ou nascidas fora de uma relação de casamento seriam consideradas filhas legítimas, com direito de herança e uso do nome do pai. Licença-maternidade de 120 dias, direito à posse de terra, igualdade de salários, mecanismos para coibir a violência doméstica.

O movimento negro, em 1984, já havia promovido a convenção "O Negro e a Constituinte",[2] em Belo Horizonte, com a participação de representantes de quarenta municípios mineiros. Em 1985, Tancredo anunciou a criação de uma Comissão Provisória de Estudos Constitucionais, conhecida como Comissão dos Notáveis. Mais uma instância pretensamente democrática consolidada sem nenhuma negra ou negro. Milton Santos estava indicado, inicialmente, entre os cinquenta nomes da comissão, mas seu nome foi retirado, nunca se soube por quê.

Nas eleições gerais de 1986, candidataram-se à Câmara Federal: Benedita da Silva, Edson Cardoso, Milton Barbosa e Paulo Paim, pelo PT; Edmilson Valentim, pelo PCdoB; Abdias do Nascimento, Carlos Alberto Caó e João Francisco, pelo PDT. Destes, elegeram-se parlamentares constituintes apenas Benedita da Silva, Carlos Alberto Caó, Edmilson Valentim e Paulo Paim, que comporiam a Bancada Negra da Constituinte.

Foi realizada em Brasília, em 1986, a convenção "O Negro e a Constituinte", com a participação de 185 representantes de 63 entidades de todo o país. Na ocasião, formularam-se demandas em diversas áreas, encaminhadas para a Assembleia Nacional Constituinte de 1987. A criminalização do racismo era a principal delas, e o movimento foi vitorioso nesse ponto. Estatização do sistema de saúde e dos transportes coletivos, licença-maternidade de seis meses, assistência a idosos, descriminalização do aborto, atividades produtivas e remuneradas a presos e unificação das polícias civil e militar também estavam entre as demandas apresentadas. Quinze anos depois, com a aprovação da lei nº 10 639/2003, o ensino de história e cultura afro-brasileira, que não havia sido incluído no texto constitucional, tornou-se obrigatório nos ensinos fundamental e médio.

Dias antes da posse da Assembleia Constituinte, que aconteceria em 1º de fevereiro, Sueli Carneiro chegou a Brasília como coordenadora do Programa da Mulher Negra do CNDM, em janeiro de 1987. Jacqueline Pitanguy conta que a equipe do conselho era formada por mulheres negras, rurais, indígenas, operárias, trabalhadoras domésticas. "Um bando de jovens, inebriadas pela possibilidade real de transformação." Era um momento de afirmação das forças democráticas ao mesmo tempo que havia uma herança forte do autoritarismo da ditadura e um reagrupamento das forças conservadoras. Havia estupefação e porosidade suficiente para uma atuação contundente, monitorada de perto pelos agentes de repressão.

Quando chegou à capital federal, Sueli foi morar em um hotel. Para alugar um apartamento, era necessário ter recomendação, e ela não tinha nenhuma relação na cidade, nunca teve relação partidária. Meses depois passou a dividir apartamento com Jacqueline.

De início, percebeu que não tinha roupa adequada para as agendas que precisaria cumprir, muitas de representação do governo, outras de beija-mão, necessárias mas difíceis de aturar. Comprou metros de linho Braspérola, o tecido do momento, e encomendou a uma costureira meia dúzia de terninhos. Estava resolvido: terninho todo dia, variando a cor, e não precisava mais pensar naquilo.

Ao longo de 1987, os objetivos do Programa da Mulher Negra do Conselho Nacional foram estruturados em três linhas de ação:

1. diagnóstico: mulher negra em dados, quanto custa ser mulher negra no Brasil;

2. resgate: recuperação histórica da mulher negra. E aqui entravam ações como um calendário inspirado naquele do Conselho Estadual, com ilustrações e trinta linhas de biografia de mulheres como Aqualtune, de Palmares; Luiza Mahin, da Revolta dos Malês; Maria Firmina dos Reis, escritora maranhense; Josephina Durocher, parteira e escritora; Narcisa Amália, jornalista. Também campanhas de televisão e outdoors. Registros da militância feminina negra daquele período, dando visibilidade ao trabalho político;

3. eventos: encontros estaduais de mulheres negras; participação em encontros regionais e nacionais.

Das inúmeras atividades de que Sueli Carneiro participou representando o Conselho Nacional, o IX Encontro Nacional Feminista, em Garanhuns, Pernambuco, em setembro de 1987, foi dos mais importantes, e isso porque a ausência da questão racial na pauta insuflou os ânimos das cerca de duzentas mulheres negras que ali estavam.

Organizaram um grupo de trabalho sobre mulheres negras e feminismo, e nenhuma não negra se interessou por participar. Estava mais que evidente a necessidade de um encontro só de mulheres negras, que passou a ser planejado para o ano seguinte. Nesse intervalo, aconteceram três reuniões preparatórias — em Salvador, São Paulo e Brasília.

O ano seguinte seria o centenário da abolição da escravidão, que mobilizava a organização de uma série de atividades críticas ou de celebrações da data. O Conselho Nacional da Condição Feminina em parceria com a Comissão para Assuntos da Mulher Negra do Conselho Estadual de São Paulo e a OAB decidiram promover um julgamento simbólico da Lei Áurea, do ponto de vista da mulher negra.

Nascia a ideia do Tribunal Winnie Mandela.

32. Tribunal Winnie Mandela

Enquanto o governo Sarney planejava as celebrações do centenário da abolição, o movimento negro aproveitava a data para denunciar o racismo e a falácia de que a assinatura da Lei Áurea teria libertado negras e negros no Brasil. Inspiradas no Tribunal Bertha Lutz, que acontecera seis anos antes, mulheres negras do Conselho Nacional, Conselho Estadual da Condição Feminina de São Paulo e da Comissão da Mulher da OAB planejaram um júri simulado. De dentro do Estado, as mulheres negras denunciariam o Estado.

Ao evento, deram o nome da sul-africana Winnie Mandela, ativista na luta antiapartheid. Winnie havia sido assistente social e trabalhava no combate à mortalidade infantil quando se envolveu com o Congresso Nacional Africano (CNA), movimento que, desde 1912, defendia os direitos de negras e negros. Com o recrudescimento da repressão a negros, o CNA criou um grupo armado que passou a operar na clandestinidade de 1960 à década de 1990, quando se tornou o maior partido político da África do Sul.

No CNA, Winnie conheceu Nelson Mandela, com quem se

casou em 1958. Militante clandestina do movimento, foi imensamente perseguida pelo regime racista do apartheid, com ordens judiciais que a impediam de trabalhar e exercer seu ativismo. Em muitos momentos chegou a ter a liberdade de circulação restrita ao bairro onde vivia, em Soweto. Passou temporadas na cadeia e anos em prisão domiciliar.

Sueli Carneiro escreveu à época:

> As condições atuais de existência da população negra no país foram grandemente determinadas pela forma como se deu a abolição da Escravidão no Brasil. O objetivo deste Tribunal é avaliar as repercussões econômicas, sociais, políticas e ideológicas da população negra, em especial da mulher negra, do ato levado a efeito por uma mulher 100 anos atrás que é a abolição da escravidão. O Tribunal Winnie Mandela realizará atividades de maio a novembro de 88.

No período, seriam promovidas sessões nas principais faculdades de direito do país para julgar os efeitos da Lei Áurea, assinada cem anos antes, sob o título "100 anos de abolição, 100 anos de discriminação: a mulher negra na sociedade brasileira". Depois de apresentar dados, relatos e reflexões sobre as condições da mulher negra no mercado de trabalho, imagens e estereótipos nos meios de comunicação, produção literária, a ideia era encerrar o tribunal em 20 de novembro, dia de Zumbi dos Palmares — anos mais tarde reconhecido como Dia da Consciência Negra —, de modo teatral e marcante.

Convidaram Joel Rufino, importante intelectual negro, dramaturgo, para escrever uma peça. Uma personagem de 117 anos, encenada por Ruth de Souza, contaria a história de sua vida, que seria analisada por um júri formado por representantes da OAB, pastorais diversas, Anistia Internacional. Decidiram convidar a própria Winnie Mandela para participar do júri, naquele ano em que Nelson Mandela cumpria o 24º dos 27 anos de prisão por sua luta contra o apartheid.

Brasil e África do Sul não tinham boas relações, e as mulheres do conselho estavam preocupadas: e se Winnie aceitasse o convite e não conseguisse o visto de ingresso no país a tempo? Jacqueline decidiu pedir ao secretário-geral do Itamaraty, Paulo de Tarso Flecha de Lima, para facilitar os trâmites burocráticos. O secretário a recebeu com café, foi muito gentil ao ouvi-la contar com entusiasmo sobre o tribunal, disse achar tudo interessante e se despediu mandando lembranças à família Pitanguy.

Ao retornar à sede do conselho, no Ministério da Justiça, Jacqueline se arrumava para ir embora quando recebeu um telefonema: Paulo Brossard, então ministro da Justiça, a chamava em seu gabinete. Ao pisar no escritório enorme, já ouviu os gritos do ministro: o conselho era subversivo, todas eram subversivas, Jacqueline era subversiva e precisava apresentar sua renúncia imediatamente.

Jacqueline demorou a entender, pois afinal das contas o embaixador havia até lhe beijado a mão, de tão gentil. O ministro continuava gritando que o Brasil era uma democracia racial e que o conselho estava inventando o racismo. Repetia que Machado de Assis tinha sido presidente da Academia Brasileira de Letras e as mulheres queriam provocar o racismo no país. Anunciou que de maneira nenhuma permitiriam que o tribunal fosse adiante.

Tranquilamente, Jacqueline respondeu que não conseguia entender o que ele dizia em meio a tantos gritos e pediu-lhe que, antes de mais nada, baixasse o tom de voz. Depois lembrou que o cargo que ela ocupava não estava subordinado ao ministro, mas ao presidente da República. O conselho estava apenas abrigado no Ministério da Justiça. Concluiu dizendo que o tribunal seria, sim, realizado, salvo se viesse uma ordem contrária direta da Presidência. Acrescentou que denunciar o racismo não as tornava subversivas, mas contribuía para qualificar a recente democracia. Chegou em casa e contou tudo para Sueli. Decidiram não falar sobre o episódio e agir nos bastidores. Tinham muito apoio entre parlamentares constituintes, sobretudo na bancada feminina, e também legitimidade na sociedade civil. Mesmo que não fosse possível trazer Winnie Mandela, o tribunal seria realizado. Não sabiam que, naqueles ecos de ditadura, estavam lidando com uma questão de segurança nacional que envolvia os militares e as Forças Armadas.

Na base de dados do Arquivo Nacional, há 33 ocorrências do nome de Jacqueline Pitanguy, muitas das quais relativas a dossiês de centenas de páginas, e documentos confidenciais do SNI no período em que ela foi presidenta do conselho. Sobre Sueli Carneiro há quinze registros, três relacionados ao Conselho Nacional, os demais acerca de sua atuação no movimento negro. Em um deles, o relatório "Principais acontecimentos do campo psicossocial", de maio de 1988, está destacado:

7 de maio. Tribunal Winnie Mandela foi instalado hoje, na Faculdade de Direito São Francisco, da USP, nesta Capital. O evento está sendo organizado pelo Conselho Estadual da Condição Feminina, Conselho Nacional dos Direitos da Mulher e pela Ordem dos Advogados do Brasil e deverá perdurar até 05 NOV 88.

O Tribunal deverá julgar, entre outros: o processo triplamente discriminatório sofrido pelas mulheres negras — sexo, cor e classe social. — Trabalho, violência, estereótipos sobre o corpo negro, legislação, dinâmica demográfica e racismo à brasileira. O processo pretende culminar com um documento que "sugira uma política governamental para tratar da mulher negra", segundo informou SUELI CARNEIRO, uma das participantes.

Entre maio e novembro de 1988 foram realizadas sessões mensais do Tribunal Winnie Mandela. A sessão do Grande Júri aconteceu em 20 de novembro de 1988, na Faculdade de Direito da USP. Falaram Lélia Gonzalez, Benedita da Silva, Leci Brandão e representantes de diversas entidades de direitos humanos. Ao longo do julgamento foram apresentados e debatidos estudos demográficos, análises e imagens sobre educação, trabalho, saúde e violência. Uma juíza de direito condenou a ineficiência da Lei Áurea e a incapacidade do Estado brasileiro em garantir a efetivação de direitos a mulheres negras. No encerramento, Ruth de Souza protagonizou a peça em que a personagem matusalênica e sua filha narravam suas histórias de vida. No Salão Nobre, com os oitocentos assentos ocupados e muitas pessoas de pé, também estavam d. Eva, irmãs e irmãos de Sueli.

O tribunal teve repercussão nacional e internacional. De Belo Horizonte, veio a estudante de história Cidinha da Silva, que ouvira falar do evento na reabertura do centro acadêmico de sua faculdade, fechado desde o golpe de 1964, que homenageou Edna Roland. A jovem estava desenvolvendo um projeto de pesquisa sobre o movimento negro em BH e estava com dificuldade de interlocução na universidade. Da conversa que teve com Sueli sobre sua pesquisa, nasceu uma relação de proximidade militante, profissional e materna, com intenso convívio.

A rotina de Sueli Carneiro em Brasília era de muito trabalho. Nas poucas horas livres, não tinha disposição para jogar conversa fora, passear ou ir a festas. Mas excepcionalmente, na noite de 23 de janeiro de 1989, foi a um jantar na casa de militantes do movimento negro. Lá conheceu uma jovenzinha negra de pele clara que estava com uma barriga enorme, parecia que ia parir ali mesmo. Regina Adami era militante do MNU e do PT, assim como seu companheiro Edson Cardoso. No dia seguinte, ela entrou em trabalho de parto.

Sueli já havia cruzado com Edson em reuniões para discutir ações de solidariedade à África do Sul. A partir daquele jantar em que o encontrou com sua mulher, os dois passaram anos compartilhando afinidades em reuniões e conversas pontuais, mas só na organização da Marcha Zumbi dos Palmares, de 1995, é que se aproximaram de fato. Até pelo menos 2004, estabeleceram trocas políticas e intelectuais intensas por e-mails e conversas telefônicas.

Regina e Edson haviam sido fundadores do grupo de negros do PT e ainda não sabiam que trabalhariam como assessores parlamentares por praticamente trinta anos. Ao longo das décadas, Sueli e Regina foram aprofundando a relação política e de amizade em encontros do movimento de mulheres negras.

Em 3 de fevereiro daquele ano, Paulo Brossard foi indicado para o Supremo Tribunal Federal, e Oscar Dias Correia, nomeado ministro da Justiça. Logo depois da posse, o novo ministro chamou Jacqueline em seu gabinete e disse que, como as mulheres haviam alcançado praticamente 80% de suas demandas na Constituinte, era hora de diminuir o órgão na mesma proporção. O orçamento do conselho foi cortado em 72%.

Em diálogo com o movimento feminista, as integrantes do conselho avaliaram que era importante sair do governo. Convocaram uma reunião em Brasília, à qual compareceram mulheres do país todo, viajando com seus próprios recursos. Redigiram uma carta aberta e fizeram uma renúncia coletiva de todas as conselheiras e da maior parte do corpo técnico. Sueli Carneiro, Jacqueline Pitanguy e quase toda a equipe caminharam do Ministério da Justiça ao Palácio do Planalto, em um ato público, com Lélia Gonzalez, Schuma Schumaher, Rose Marie Muraro, Marina Colasanti, dentre outras. Abraçaram o Ministério da Justiça, em uma ação simbólica, e foram recebidas por guardas e cachorros. Jacqueline protocolou a carta que registrava, no parágrafo final:

Continuar neste órgão hoje é legitimar o arbítrio, é negar tudo pelo que até hoje lutamos. Saímos de pé e voltamos às ruas, pois lá, junto com nossas companheiras, continuaremos pleiteando uma sociedade justa, na qual homens e mulheres sejam respeitados com suas diferenças específicas, aguardando o momento de voltar a um espaço na esfera institucional forte, legítimo, respeitado pela estrutura governamental.

A atuação no conselho contribuiu para Sueli perceber a importância da sociedade civil organizada na estruturação de políticas públicas. Ficou evidente a necessidade de atores políticos com capacidade de construir análises, argumentos, tecer parcerias e advogar por gênero, raça e outros temas essenciais à luta por igualdade e justiça social.

Depois que saíram do conselho, tanto Sueli quanto Jacqueline consolidaram trajetórias no terceiro setor. Jacqueline Pitanguy foi uma das fundadoras da Cepia — Cidadania, Estudo, Pesquisa, Informação e Ação —, em 1990. E em abril de 1988, Sueli Carneiro já havia participado da fundação do Geledés — Instituto da Mulher Negra, onde passou a efetivamente atuar depois de sua saída do governo.

33. Cuba

Em outubro de 1988, Sueli Carneiro participou do III Encuentro Continental de Mujeres, em Havana, Cuba, como membro da delegação brasileira. Era sua primeira viagem internacional. Durante o encontro, as mulheres de todo o continente partilharam estratégias de atuação junto aos Estados e puderam conhecer a perspectiva antirracista que movimentos de mulheres e feministas começavam a ter. A organização das mulheres negras brasileiras chamava a atenção internacionalmente, o que também as fortalecia no Brasil.

Fidel Castro fez questão de receber a delegação brasileira, e Sueli sentiu-se como se estivesse defronte à própria história. Fidel afirmava àquelas mulheres que o Brasil era, de fato, um gigante, mas um gigante caído. Quando se levantasse, arrastaria consigo toda a América Latina. Em tom de lamento, dizia ter pena do povo brasileiro por não ter um líder à sua altura. Era como se ele dissesse: "Se eu tivesse um país desse nas mãos...".

Cuba tinha especificidades positivas, sem dúvida, mas em muitos momentos Sueli se sentiu como se estivesse na praça da

Sé, no centro de São Paulo: polícia revistando um paredão de homens pretos; presídio feminino com maioria de pretas.

Um ascensorista militar barrou Sueli e uma colega colombiana no Hotel Nacional, presumindo que fossem prostitutas. "Eu sei o que está acontecendo aqui, em qualquer idioma", disse Sueli. "Mesmo sem falar espanhol, se você insistir com isso vou criar um caso internacional. Vou denunciar Cuba para o mundo como um país racista." Ele entendeu, ainda que em português, e encerrou o assunto.

Na viagem Sueli também conheceu um dos três namorados cubanos que teve ao longo da vida. Nos Estados Unidos e na Europa, cada vez que se interessava por um homem, descobria que ele era cubano.

34. I Encontro Nacional de Mulheres Negras

No contexto de resistência ao regime militar e luta pela anistia, desde 1979 aconteciam encontros feministas nacionais. Tendo começado praticamente com a Década da Mulher, eles persistiram anualmente em toda a década de 1980, com exceção de 1988, e depois, de forma esparsa, ocorreram até 2004. No IX Encontro Nacional Feminista, em Garanhuns, a indignação daquelas cerca de duzentas mulheres negras significou um ponto de inflexão no movimento das mulheres negras. O grupo de trabalho que se organizou lá mesmo pautou as três reuniões preparatórias para o I Encontro Nacional das Mulheres Negras. Um informativo, distribuído em setembro de 1988, registrava:

> Esse encontro tem por finalidade precípua congregar mulheres de todo território nacional e levar-nos a refletir sobre a verdadeira razão que nos torna diferentes, ou a razão pela qual nos é dado um tratamento diferenciado dos demais indivíduos que compõem a sociedade [...]
>
> Gostaríamos de deixar claro que não é nossa intenção provocar

um "racha" nos movimentos sociais como alguns elementos nos acusam. Nosso objetivo é que nós, mulheres negras, comecemos a criar nossos próprios referenciais, deixando de olhar o mundo pela ótica do homem, tanto o negro quanto o branco, ou da mulher branca. O sentido da expressão "criar nossos próprios referenciais" é que queremos estar lado a lado com as(os) companheiras (os) na luta pela transformação social, queremos nos tornar porta--vozes de nossas próprias ideias e necessidades, enfim queremos uma posição de igualdade nessa luta. [...] Cabe lembrar ainda que o movimento social, como um todo, considera que a questão racial é secundária e que será resolvida na medida em que acabarem as desigualdades sociais.

O encontro aconteceu em Valença, no Rio de Janeiro, entre 2 e 4 de dezembro de 1988, e dele participaram 450 mulheres negras de dezessete estados, oriundas de diferentes setores e experiências organizativas. Sueli Carneiro ainda era do governo, e o papel do Programa da Mulher Negra do CNDM era apoiar a autonomia do movimento. O conselho viabilizou o transporte e outras demandas de organização, mas não interferiu na agenda. Havia feministas, militantes do movimento negro, sindicalistas, lideranças comunitárias de associações de bairros, mulheres do axé. Observadoras do Equador, Estados Unidos e Canadá também acorreram.

A questão da organização do movimento nascente de mulheres negras era central no encontro. Como deveriam estruturar uma plataforma única e ao mesmo tempo se articular com o movimento negro, mantendo o caráter de movimento feminista? Os objetivos desenhados para o encontro estavam acordados e foram divulgados no mesmo informativo do mês de setembro:

Denunciar as desigualdades sexuais, sociais e raciais existentes; fazer emergir formas locais de luta e autodeterminação, elaborar documento para uma política alternativa de desenvolvimento; encaminhar uma perspectiva unitária de luta dentro da diversidade social, cultural e política; estabelecer grupos de trabalho para registro e posterior retorno as participantes; realizar um diagnóstico da mulheres negras; discutir as formas de organização das mulheres negras; elaborar propostas políticas que façam avançar a organização de mulheres negras colocando para o mundo a existência do movimento de mulheres negras do Brasil de forma unitária e diferentes vertentes políticas.

O encontro de Valença promoveu palestras, oficinas e grupos de trabalho. Depois dele, pulularam fóruns estaduais por quase todo o país. Entre 1988 e 1991, grupos de mulheres negras se organizaram nas estruturas internas do movimento negro, do movimento feminista, dos partidos, das centrais sindicais. Foram fundadas inúmeras organizações não governamentais, como o Geledés, que foi criado em 30 de abril de 1988 e passou a operar no final daquele ano; a Casa de Cultura da Mulher Negra de Santos, em 1990; a Criola, no Rio de Janeiro, em 1992, e tantas outras que se multiplicaram ao longo da década de 1990.

A cada evento nacional realizado por organizações de mulheres negras, novas questões iam se desenhando e sendo aprofundadas. Pautando o combate ao racismo, além do machismo e do sexismo, as mulheres negras passaram a pautar mudanças efetivas na ótica feminista.

35. Geledés — Instituto da Mulher Negra

Quando Sueli Carneiro foi para Brasília, Solimar Carneiro, Maria Lúcia da Silva e Edna Roland ficaram no Conselho Estadual da Condição Feminina, e os dois órgãos, tanto o estadual quanto o federal, continuaram a atuar em parceria. Na paralela, parte do grupo que formava o Coletivo de Mulheres Negras também seguia reunido nas discussões de cenários e estratégias de atuação política.

Em reuniões frequentes, que varavam noites e noites, as integrantes do coletivo compartilhavam a certeza de que era necessário extrair, da experiência das mulheres negras, um espaço institucional que agisse como instrumento da luta política. Ao longo de dez anos, haviam assumido a responsabilidade política de encaminhar as questões específicas de mulheres negras e interferir nas questões gerais da sociedade brasileira, especialmente na luta antirracista, do ponto de vista das mulheres negras.

Para Sueli Carneiro, parecia evidente que alguém com o seu perfil não poderia atuar no governo. Embora viesse de uma geração que política e ideologicamente sempre teve o Estado como o alvo final, a liturgia dos cargos se mostrara incompatível com um traço de insubordinação de que Sueli se orgulha, e que só aumenta conforme ela envelhece.

Sua contribuição para o planejamento, a implementação e o monitoramento de políticas públicas de promoção de igualdade de gênero e raça se dá, então, a partir da sociedade civil. Por isso ela costuma se apresentar como uma ativista. "Falta no Brasil uma sociedade civil ampla, poderosa, que pressione, de fato, os poderes instituídos. As democracias fortes são compostas por organizações autônomas e independentes que fazem mediação crítica entre os diferentes poderes e o conjunto da sociedade", explica.

Desde os anos 1970, as organizações não governamentais, ONGs, assessoravam movimentos sociais brasileiros equacionando demandas técnicas para fortalecer sua ação política. Ao longo da redemocratização do país, parte da sociedade civil passa a se estruturar jurídica e institucionalmente como ONG. No final dos anos 1980, com as organizações negras e de mulheres, ativistas dos próprios movimentos se profissionalizam e, além de produzir conhecimento técnico, administrativo e financeiro, também protagonizam o discurso político.

As agências internacionais incentivaram e financiaram esse modelo em toda a América Latina. Setores do movimento negro ligados aos partidos de esquerda sustentavam que, num contexto de guerra fria, ao abrandar os conflitos gerados pelo capitalismo, o modelo contribuía para o desenvolvimento desse sistema. Como se as ONGs recebessem financiamento para atrasar a luta, em contraposição a movimentos que se percebiam como revolucionários.

A ação política profissionalizada nas ONGs, a partir de recursos para remunerar o trabalho de quadros técnicos e uma infraestrutura de operação, comunicação, viagens, provocava tensões e relações ambivalentes com os movimentos que não tinham financiamento — muitas vezes com ataques públicos e demandas privadas. Pedidos de xerox de manifestos a serem distribuídos em atos, por exemplo, coexistiam com acusações e ataques.

No Geledés, a despeito de ser uma ONG, as diretoras sempre atuaram como movimento negro e movimento de mulheres, gostassem os outros ou não. No início dos anos 2000, numa lista de e-mails do movimento negro, um homem chegou a utilizar o termo "prostitutas do imperialismo" para se referir a quem recebia financiamento internacional e rivalizava politicamente com os movimentos ligados ao partido.

Com Geledés, estava constituído um sujeito político para enfrentar a questão racial e de gênero, vocalizar as demandas das mulheres negras e dialogar com os outros movimentos a partir do sujeito político mulher negra. Foi necessário muito atrevimento e coragem para que enfrentassem isolamento político e episódios de ira do feminismo branco e dos homens do movimento negro.

Nas sociedades tradicionais iorubás, geledés são organizações secretas de culto ao poder feminino, hoje consideradas patrimônio da humanidade. As fundadoras escolheram esse nome pela necessidade de demarcar a identidade de um feminismo de mulheres negras sustentado em nossas tradições, nossa identidade africana, nosso patrimônio cultural. Afirmam, a começar pelo nome, que nosso feminismo pode prescindir das matrizes brancas ocidentais, porque no interior da cultura afro-brasileira há elementos simbólicos suficientes para sustentar a insubordinação feminina frente à opressão.

Em 1980, Sueli havia escrito sobre essas sociedades com Cristiane Cury, em "O poder feminino no culto aos orixás":

O equilíbrio de forças entre os sexos está sempre presente nos mitos; há neles o reconhecimento, do ponto de vista do homem, da necessidade de controlar a mulher, não porque ela seja inferior, subproduto dele, mas porque tem potencialidades e características capazes de submetê-lo. Para cada atributo masculino encontramos um equivalente feminino e, ainda, nos mitos, homens e mulheres participam das qualidades inerentes à "natureza humana", homens e mulheres sabem que se equivalem física e psicologicamente.

Sueli Carneiro ainda estava no governo quando, reunidas na casa de Edna Roland, ficou registrada, em ata, a fundação da entidade:

> Às dezesseis horas do dia trinta de abril de um mil novecentos e oitenta e oito, à rua Jorge Utsumi, 40 — Vila Sônia — São Paulo — Capital, em Assembleia Geral convocada para a fundação, aprovação dos Estatutos e eleição da diretora de GELEDÉS — Instituto da Mulher Negra, compareceram as seguintes pessoas: sras. Edna Maria Santos Roland, Aparecida Sueli Carneiro, Maria Lúcia da Silva, Aparecida Solimar Carneiro, Deise Benedito, Elza Maria da Silva, Sônia Nascimento, Ana Maria Silva, Eufrosina Teresa de Oliveira, Lucia Bernardes de Souza.

Tiveram o cuidado de só anunciar o Geledés quando todas já estavam desligadas de cargos de confiança em órgãos do governo. Queriam uma organização autônoma, independente, de expressão da sociedade civil. Menos de dois meses depois da fundação, passaram a se apresentar como Geledés — Instituto da Mulher Negra, e a dedicar horas de trabalho estruturando e executando projetos.

Por um ano trabalharam na edícula nos fundos da casa de Edna Roland, na Vila Sônia. Maria Lúcia da Silva dava expediente de manhã, Solimar à tarde. Sueli e Edna eram as responsáveis por escrever projetos e fazer as articulações políticas. Em um clima de cooperação, criatividade, irmandade, estruturaram três programas naquele momento: direitos humanos, saúde e comunicação, este último pensado inicialmente para dar suporte de mídia, publicações e visibilidade aos outros programas, para depois passar a ser uma área com agenda própria, como as outras.

36. Racismo: crime inafiançável e imprescritível

Paralelamente ao Lobby do Batom, mais de sessenta entidades negras de todo o país enviaram sugestões à Assembleia Constituinte. As duas audiências públicas sobre a temática racial tiveram expressiva representação do movimento negro, que também acompanhou de perto as dezesseis reuniões de algumas das 24 subcomissões temáticas que discutiram o novo texto constitucional, como a Subcomissão dos Negros, Populações Indígenas, Pessoas Deficientes e Minorias. Depois de debatidos em cada subcomissão, os textos iam para as respectivas comissões temáticas e mais uma vez eram reformulados.

Reivindicações do movimento negro que não foram contempladas no texto de 1988, como a obrigatoriedade do ensino de história e cultura africana e afro-brasileira e a implementação de cotas — proposta pelo Centro de Estudos Afro-brasileiros sem este nome, mas como "adoção de um sistema de admissão nos estabelecimentos de ensino público que, na forma da lei, confira a candidatos economicamente carentes, desde que habilitados, prioridade de acesso, até o limite de 50% das vagas" — foram trabalhadas por entidades e parlamentares negras e negros ao longo dos anos 1990 e início dos anos 2000.

Na garantia de direitos à população negra, as principais conquistas na Constituição de 1988 foram tornar o racismo crime inafiançável e imprescritível, e o direito de propriedade às comunidades remanescentes de quilombos. Em um dos principais documentos elaborados pelo movimento, "Resoluções da Convenção Nacional O Negro e a Constituinte", de 1986, constava a demanda por criminalizar o preconceito de raça. A redação da emenda sofreu alterações na subcomissão e na comissão, e a criminalização do racismo foi aprovada, nos termos propostos em plenário pelo deputado negro Carlos Alberto Caó (PDT-RJ): "a prática do racismo constitui crime inafiançável e imprescritível, sujeito à pena de reclusão, nos termos da lei" (inciso XLII do artigo 5º).

O inciso constitucional foi tipificado na lei complementar nº 7716/89, também de autoria de Carlos Alberto Caó, conhecida como Lei Caó, que definiu a punição de crimes em virtude de preconceito e discriminação de raça ou cor aumentando consideravelmente as penas, em relação à lei Afonso Arinos, podendo chegar a cinco anos de reclusão.

Do documento com as resoluções da convenção veio a proposta relacionada à posse de terras e territórios quilombolas. O texto praticamente não sofreu alterações para ser aprovado: "Aos remanescentes das comunidades dos quilombos que estejam ocupando suas terras é reconhecida a propriedade definitiva, devendo o Estado emitir-lhes os títulos respectivos" (artigo 68 do Ato das Disposições Constitucionais Transitórias).

Em 2008, por ocasião de um convite da Câmara Federal para participar do seminário Constituição 20 anos: Estado, Democracia e Participação Popular, Sueli preparou o artigo "Viva a Constituição cidadã", no qual comenta cada inciso, como aquele sobre a posse de terra quilombola:

tal disposição constitucional esbarra na conflituosa situação em que estão imersas as comunidades remanescentes de quilombos em disputa de suas terras ancestrais com empreendimentos agropecuários, madeireiros e grilagens para fins de especulação imobiliária que operam para postergar ou negar a titulação de suas terras, direito arduamente conquistado, postergado. Mesmo quando a comunidade já obteve a titulação, não se encontra protegida de agressões, muitas na forma de racismo ambiental que certos empreendimentos que produzem grandes quantidades de lixo tóxico se alojam próximos a essas comunidades comprometendo as suas já precárias condições de vida.[1]

Ou sobre o crime de racismo e a Lei Caó:

Tais dispositivos constitucionais e infraconstitucionais alavancaram as primeiras iniciativas de tratamento da questão racial do ponto de vista jurídico, do qual o sos Racismo, assessoria jurídica para vítimas de discriminação racial do Geledés — Instituto da Mulher Negra, foi pioneiro em procurar sensibilizar o Poder Judiciário com os casos concretos de racismo e a discriminação com vistas à sua punição.[2]

37. Programa de Direitos Humanos/ SOS Racismo

Já afastada de Brasília, Sueli contratou a socióloga Adriana Gragnani para pesquisar em todos os cartórios e fóruns de São Paulo os casos de discriminação racial registrados a partir da Lei Afonso Arinos, de 1951, que tornou a discriminação racial uma contravenção penal. Em seus nove artigos, quando ainda vigorava o mito da democracia racial, o Estado brasileiro reconhecia a existência do preconceito e da discriminação. O artigo 1º da lei nº 1390/51 rezava:

> Constitui contravenção penal, punida nos termos desta Lei, a recusa, por parte de estabelecimento comercial ou de ensino de qualquer natureza, de hospedar, servir, atender ou receber cliente, comprador ou aluno, por preconceito de raça ou de cor. Parágrafo único. Será considerado agente da contravenção o diretor, gerente ou responsável pelo estabelecimento.

E a lista continuava enumerando recusas a acesso ao funcionalismo ou ao mercado de trabalho, à entrada em salões de be-

164

leza, bares, entre outras. As punições variavam do pagamento de multa, suspensão ou perda de cargo a prisão, entre quinze dias e um ano. Essa lei vigorou até 1985, quando foi substituída pela de nº 7437/85, vigente até 1989, que ampliava as contravenções penais não apenas à prática de atos resultantes de preconceito de raça e de cor, mas também de sexo ou de estado civil.

De toda a pesquisa, Sueli encontrou apenas um processo criminal com fundamento na Lei Afonso Arinos e nenhum com base na nova redação, de 1985. Havia muitos casos de injúria e difamação, mas desde 1951 até 1988, apenas um fora julgado com a aplicação da Lei Afonso Arinos e nenhum com a lei que a substituiu, em todo o estado de São Paulo.

Em 1973, na cidade paulista de Barra Bonita, um segurança impediu a entrada de um homem negro em um baile do Vila Nova Futebol Clube. A vítima procurou a delegacia de polícia alegando ter sido barrado por ser uma "pessoa de cor". Uma testemunha afirmou que o segurança impediu a entrada com a justificativa de que o homem "era preto". Foi instaurado processo de contravenção penal, o segurança foi preso e teve seu processo de habeas corpus negado. Até pelo menos 1988, essa foi a única condenação por discriminação racial em todo o estado de São Paulo.

Pesquisas sobre a Afonso Arinos não indicam um cenário muito diferente no restante do país. Apesar da importância simbólica do reconhecimento, por parte do Estado brasileiro, do preconceito e da discriminação racial, a lei se tornou conhecida por sua inefetividade. As razões? A maior parte dos atos discriminatórios não era tão ostensiva quanto nas situações previstas, havia pouca disposição das autoridades em levar adiante processos criminais do tipo, as vítimas relutavam em registrar ocorrências, o acesso a orientações legais e à contratação de advogadas ou advogados era dificultado, e também o despreparo de profissionais do direito.

Até 1951, o racismo não era nem contravenção penal. E quando a Lei Afonso Arinos foi finalmente aprovada ficou apenas no papel. Da constatação, nasceu o primeiro projeto que Sueli Carneiro coordenou no Geledés: o sos Racismo — Assessoria Jurídica em Casos de Discriminação Racial.

O projeto foi inspirado na atuação de uma organização francesa chamada sos Racisme. Antes mesmo de o Geledés existir, em dezembro de 1987, o IPCN, Instituto de Pesquisa das Culturas Negras, inaugurou o primeiro sos Racismo do Brasil, no Rio de Janeiro. Em 1990, o sos Racismo do Geledés foi inaugurado como seção brasileira do projeto internacional. Alocado dentro do Programa de Direitos Humanos de Geledés, o projeto foi responsável por redimensionar a problemática racial, situando-a no âmbito dos direitos humanos fundamentais.

Até a década de 1990, as entidades que conformavam o campo dos direitos humanos no Brasil estavam particularmente voltadas aos abusos da ditadura militar. A violação de direitos da comunidade negra não era sequer considerada. Direitos humanos só passaram a ser reivindicados no Brasil quando brancos começaram a sofrer tortura, acusados de subversivos.

Sueli Carneiro apresentou o projeto a Rebecca Reichmann, que à época geria o Programa de Direitos e Justiça Social da Fundação Ford. A partir de 1990, o Geledés obteve um financiamento. O instituto alugou uma sede próxima ao metrô e num lugar central: a praça Carlos Gomes, na Liberdade, bairro cuja origem negra é constantemente apagada pela exaltação da ocupação japonesa posterior. Sueli montou e coordenou uma equipe[1] que sistematicamente fazia o atendimento jurídico gratuito às vítimas de racismo e discriminação racial e acionava os mecanismos legais para sua defesa. Além de acompanhar os longos processos na Justiça, sem custos para as vítimas do racismo, a equipe coletava e analisava os dados para, a partir deles, construir argumentos políticos e jurídicos de que o racismo era uma ação sistemática e persistente, não um comportamento pessoal ou pontual contra determinadas pessoas negras.

O Geledés participou de inúmeros eventos e atividades públicas, para os quais Sueli Carneiro produziu textos que ainda hoje são referência no campo jurídico. Em um artigo de 2002, ela escreveu:

A compreensão de que o racismo e a discriminação impedem a distribuição igualitária da Justiça no Brasil vem motivando diversas iniciativas. A Constituição de 1988, ao tornar o racismo crime inafiançável e imprescritível, criou uma oportunidade nova de enfrentamento ao racismo na esfera legal. Desde então, essa perspectiva jurídica fez surgir projetos exemplares e pioneiros como o sos Racismo, serviços de assistência legal para vítimas de discriminação racial, uma experiência exitosa que já se multiplicou em diversos estados do país e em alguns países da América Latina.[2]

Em 23 de abril de 1991, o serviço de Assessoria Jurídica em Casos de Discriminação Racial — sos Racismo, do Programa de Direitos Humanos do Geledés, foi lançado na Câmara Municipal de São Paulo, com a presença do francês Harlem Désir, que fundou o sos Racisme em 1984.

Naquele momento, debatia-se a proposta de introdução da pena de morte na legislação penal brasileira. Com o sos Racismo foi também lançada a Campanha contra a Pena de Morte, com a coleta de assinaturas em um "Livro Negro contra a pena de morte". O advogado negro norte-americano Bryan Stevenson, que atuava no corredor da morte defendendo presos condenados à pena capital, participou do debate e proferiu uma frase muito reproduzida à época: "As pessoas que acabam condenadas à morte são sempre pobres, frequentemente negras".

Em sua intervenção naquela noite, Sueli Carneiro pontuou:

Não queremos crianças assassinadas. Não queremos linchamentos. Não queremos impunidade. Não queremos as condições de vida que empurram os setores oprimidos da sociedade em direção à marginalidade. Não queremos plebiscito. Não queremos pena de morte. Por isso decidimos lançar o sos Racismo com um debate sobre esse tema, porque estamos convencidos de que lutar contra a pena de morte é reiterar a defesa intransigente dos valores humanos fundamentais. Para nós, negros, esta luta assume ainda o caráter de luta antirracista.[3]

E também leu cada um dos objetivos específicos do projeto:

— Receber denúncias de discriminação racial sofridas por qualquer pessoa;

— Representar a vítima de discriminação racial junto ao Poder Judiciário e instâncias administrativas;

— Orientar a vítima para obtenção de provas e testemunhas que possam caracterizar a ocorrência do crime;

— Contribuir para a formulação de legislação específica, que proteja os direitos humanos e civis dos grupos discriminados sexual e racialmente;

— Introduzir no processo judicial a discussão político-jurídica da questão racial no Brasil, porque a imagem social do negro identificada à marginalidade interfere negativamente no julgamento e na fixação da pena;

— Encaminhar para outros serviços ou instituições os casos que estejam fora de sua competência;

— Estimular a criação de serviços sos Racismo em todo o país.[4]

168

A proposta de um plebiscito a respeito da pena de morte foi superada e o debate público diminuiu. Em 1996, o Brasil ratificou o Protocolo da Convenção Americana de Direitos Humanos para a Abolição da Pena de Morte. Mas não se pode ignorar que o apoio popular à ideia de eliminar os considerados indesejáveis tem crescido. Em 2018, 57% da população brasileira disse apoiar a pena de morte.

Cerca de duzentas pessoas procuravam o SOS Racismo a cada ano, e o programa se colocou como a principal referência da população negra de São Paulo para questões de natureza jurídica. Dentre os vários casos em que obteve destaque, está a primeira indenização concedida pela Justiça pelo massacre no Carandiru, quando a Polícia Militar de São Paulo assassinou 111 detentos; a indenização dos familiares de Daniel Roque Pires, executado na Casa de Detenção aos 26 anos de idade, criou jurisprudência para os julgamentos seguintes.

No terceiro ano do SOS Racismo do Geledés, Antonio Carlos de Arruda e Silva, que coordenava o projeto, obteve bolsa do Cebrap para estudar políticas públicas na Universidade do Texas, e então Sônia Nascimento assumiu o serviço. Com ela passou a advogar Diógenes Floriano dos Santos Júnior, antigo estagiário da equipe anterior, e uma nova estagiária, estudante de direito no Mackenzie, Maria Sylvia de Oliveira, atual presidente do Geledés e da Comissão de Igualdade Racial da OAB/SP.

Anos mais tarde, Sueli Carneiro entrevistou Sônia Nascimento para sua tese de doutorado, e ela contou como ficava impactada com certos atendimentos:

Aconteceu na loja Zelo da rua 25 de Março. A moça entrou, tinha em mãos uma sacola lacrada, com uma toalha que tinha comprado na loja ao lado, procurou e não encontrando o que buscava, saia da loja quando o segurança pegou-a e conduziu para a tal salinha, abriu a sacolinha lacrada, viu a toalha, deu para o vendedor para localizar de que local ela havia furtado, só que não tinha aquele tipo de toalha na loja Zelo, sabe o que ele fez? Jogou a toalha nela e disse: "Então vai embora vagabunda". E lhe deu murro no rosto e a jogou para fora da loja, você acredita? Ela caiu, uma pessoa socorreu, e falou: "Vamos pra polícia", tinha uns guardas passando numa pracinha próxima que, comunicados, foram até a loja onde, claro, eles desmentiram, os policiais perguntaram se ela queria fazer alguma coisa, mas já dizendo que eles eram de loja e ela sozinha, para pensar bem. Deixou por isso mesmo. Então, ela tomou um táxi para ir embora e contou para o motorista e ele disse para ela ir para a delegacia, pois deveria processar a loja. Foram, o delegado mandou um investigador com ela e na loja eles contaram outra história. [...] Bem, a Zelo foi processada e condenada a pagar uma indenização.[5]

Nesse e em outros episódios relatados por Sônia Nascimento, é possível compreender, a partir de casos concretos, a atuação do sos Racismo. Os atendimentos eram sempre feitos por advogadas ou advogados negros que compreendiam e acolhiam as vítimas, e conheciam bem o sistema de justiça e o arcabouço legal para tratar da temática racial.

Os casos específicos também permitiram ações em instâncias internacionais, a partir do ano 2000, e ofereceram subsídios à iniciativa parlamentar de Paulo Paim, então deputado federal pelo PT do Rio Grande do Sul, assessorado por Edson Cardoso, para modificar o artigo 140 do Código Penal e incluir a figura penal de injúria racista (PL 1240-A/ 1995). A proposta de alteração agravou o crime de injúria no Código Penal, quando este acontecer por motivação racial. Mais um amparo legal para um conjunto de manifestações de racismo por meio de insultos.

Não se tratava de considerar que injúria racial não é racismo, o que seria um equívoco, mas de ter na legislação infraconstitucional, ou seja, nas leis que estão abaixo da Constituição, um dispositivo que permitisse a condenação nos casos de xingar uma pessoa de macaco, por exemplo. Nenhuma juíza ou juiz mobilizaria a Constituição para uma condenação assim. Finalmente, em 2018, o Superior Tribunal Federal declarou que os crimes de injúria por conotação racial (conforme o art. 140º, parágrafo 3º do Código Penal, proposto por Paim) se equiparam aos crimes de racismo previstos na Lei Caó. A partir dessa decisão, portanto, a injúria racial tornou-se crime imprescritível e inafiançável.

Por coordenar o projeto, falar e escrever muitas vezes em termos jurídicos, e ser referência importante nas discussões e mudanças de práticas no direito, diversas pessoas pensavam que Sueli Carneiro fosse advogada ao longo dos anos 1990 e 2000.

Em 1995, o sos Racismo começou a também atender mulheres vítimas de violência doméstica e sexual. O Geledés passou a ser a única organização de mulheres do estado a contar com um serviço jurídico estruturado para o qual outros grupos de mulheres podiam encaminhar as que necessitavam de pronto atendimento jurídico e não o conseguiam nas instâncias tradicionais encarregadas desse tipo de atendimento.

Sônia Nascimento percebeu que parte significativa dos atendimentos era mais de acolhimento emocional que de orientação jurídica. Então contratou a psicóloga Tereza Ferraz para conduzir grupos terapêuticos com as mulheres; só depois que elas tinham acesso a esse espaço seguro para falar de si é que eram encaminhadas às advogadas, quando conseguiam contar de forma objetiva o que tinham vivido e já sabiam se queriam ou não a separação.

Logo no início do atendimento, chegou uma vítima de violência doméstica cujo marido a queimara com ácido. Depois de sete cirurgias plásticas, a mulher ainda tinha o rosto e o corpo totalmente desfigurados. Ao vê-la, Sueli pediu para nunca mais ter acesso às vítimas. Cada uma tem um papel no Geledés, e o dela, definitivamente, não era testemunhar horrores. A rotina de trabalho sempre foi pesada. Havia reuniões que se estendiam até meia-noite e ainda exigiam uma cerveja na rua depois. Além da execução dos projetos, todas participavam de inúmeras atividades públicas. O lema para essas ocasiões era: "Vá, mate, volte". E por "volte" compreende-se "volte bem e sem trazer problemas". Com os projetos em ampliação, o instituto foi ocupando mais andares do edifício da praça Carlos Gomes, 67.

Os quase trinta anos de existência do SOS Racismo do Geledés têm consolidado uma área vigorosa de produção de conhecimento, com um crescente engajamento de operadores do direito, instituições jurídicas e a proliferação do SOS Racismo pelo Brasil e pela América Latina.

O programa de direitos humanos do instituto possibilita jurisprudência, busca novas interpretações das leis sob a ótica racial, e até novas proposições de leis, com foco no exercício pleno de direitos da população negra. A punição de casos de racismo e sexismo no Judiciário, além da promoção do debate público em situações que atingem a dignidade e a imagem coletiva da comunidade negra, fazem do SOS Racismo um poderoso instrumento político-jurídico do movimento negro brasileiro.

38. Ameaça skinhead

No evento de lançamento do sos Racismo, Sueli Carneiro leu três cartas recebidas no início de 1991, depois que foram divulgados o telefone e o endereço do atendimento às vítimas de racismo. A primeira delas, datada de 29 de janeiro:

Ao sos Racismo:
Poder Branco. Vida longa à Klan. Lá vem ele trajando o manto branco ao cair da noite. Empunhando tocha ardente, até nos causando um enorme espanto. Cavalgando em seu cavalo potente, cristão devotos, judaísmo combater. Irmandade branca, todos juntos para vencer no Ocidente, o clarão da cruz se fez brilhar, pela pureza racial e por sua América lutar.
Klu Klux Klan, longa vida. Essa é a nossa homenagem. Vida longa à Klan, dedicamos nossa mensagem. Klu Klux Klan, isso significa simplesmente respeito, onde o homem branco impôs o seu direito.
Negros, mestiços e judeus, seu futuro está no laço do cavaleiro branco. O cavaleiro branco deixará o seu corpo em pedaços. A go-

ta de sangue é o símbolo da Klan, o sangue de Cristo e da civilização Cristã. A cruz em chama é o clareamento da cruz. Klu Klux Klan, longa vida. Esta é a nossa mensagem, vida longa à Klan, dedicamos a nossa mensagem.[1]

Em 10 de abril, receberam uma foto de policiais de Charleston, Carolina do Sul, Estados Unidos, batendo num homem negro, acompanhada da mensagem: "Ao sos Racismo, força para vocês, escória do mundo".

E em 15 de abril, a ameaça literal, acompanhada da foto de um skinhead:

Ao sos Racismo: Aos pedaços de carne preta estragada:
Exemplos como o deste rapaz limparão a raça branca da presença imunda e incômoda desta escória que representa a raça negra. Se preparem, o melhor para nós está por vir. Não será nada agradável para vocês. Nós garantiremos isso pessoalmente. Força para os negros.[2]

Também receberam telefonemas com frases como: "Negro e judeu devem ser banidos" ou "Negro não pode ficar vivo". A cada denúncia, procuraram a polícia. No início de maio, a *Folha de S.Paulo* e o *Diário Popular* noticiaram que o Geledés estava recebendo ameaças anônimas. A diretoria também fez a denúncia internacionalmente. E então o fax da polícia federal travou de tantas exigências de proteção ao Geledés. Foram enviados dois agentes federais para fazer a segurança da organização e a polícia pareceu investigar o caso com seriedade.

A equipe passou mais de um mês trabalhando com dois agentes da polícia de pé, na sala, fazendo a segurança. Um dia comunicaram que a investigação estava concluída, que haviam encontrado os criminosos, sem maiores detalhes.

A Federação Israelita de São Paulo e o Centro de Tradições Nordestinas (CTN) também receberam ameaças no mesmo período por meio de cartas. Chegaram a dar tiros no CTN. Um jovem negro de dezesseis anos foi espancado até a morte por trinta carecas no ABC.

Com cerca de trinta outras organizações, o Geledés formou o Movimento de Entidades Democráticas contra o Ressurgimento do Nazismo e Todas as Formas de Discriminação, que realizou um grande ato de repúdio, com a participação de 10 mil pessoas, no Vale do Anhangabaú. Como resposta política, em 7 de junho de 1993 foi inaugurada a primeira Delegacia de Crimes Raciais no Brasil, que funcionou até março de 2001, quando o então governador Mário Covas a fechou. Em 2006, foi reinaugurada uma Delegacia de Crimes Raciais e Delitos de Intolerância, a Decradi.

Sueli Carneiro escreveu o artigo "Pelo direito de ser", que foi publicado no *Correio Braziliense*, em 23 de fevereiro de 2001, alertando:

> O sucesso dessas ações nos conduziu ao erro de baixar a vigilância, de nos articular e de nos desmobilizar depois de empurrar para as sombras os herdeiros de Hitler. Ou seja, nos esquecemos do ovo da serpente. E isso pode ter custado a vida de Edson Neri da Silva, negro e homossexual barbaramente assassinado por dezoito skinheads em fevereiro de 2000.[3]

Em 2019, a antropóloga Adriana Dias apontou a existência de 334 células neonazistas no Brasil, com pelo menos 5 mil membros ativos, comunicando-se periodicamente com 500 mil pessoas. O Geledés não voltou a receber ameaças ao longo dos anos, mas suas diretoras seguem em alerta permanente.

39. Mamãe dura

Apesar de muito realizada naquele início do Geledés, Sueli Carneiro recebia um salário modesto, que por vezes não era o bastante para abastecer o carro. Celmo, o irmão mais novo, conta que duas ou três vezes ela telefonou lhe pedindo para pegar gasolina do carro de Tiane — cuja casa ficava a trinta minutos de caminhada do Morro do Querosene, onde Celmo morava.

O irmão se preocupava. Quando ia ver futebol na Gioconda e Sueli lhe dava um dinheirinho para ele ir buscar cerveja, ele trazia a mais barata, quente, comprada no supermercado, para voltar com troco. A irmã lhe dizia para escolher uma boa, gelada, porque não era aquela economia que resolveria a situação.

Sueli vivia dizendo que estava dura. Em uma das reuniões que costumavam acontecer na casa da Gioconda, Luanda interrompeu a conversa com um pedido em voz alta: "Mãe, quando você estiver mole, você me dá uma caixa de lápis de cor?". Envergonhada, Sueli saiu para comprar os lápis da criança imediatamente.

Em 1991, Sueli Carneiro foi procurada pela Ashoka, entidade que apoia empreendedores sociais. Era a segunda seleção que faziam no Brasil, para participar da rede mundial que estavam construindo desde 1981, e receber uma bolsa para que realizassem seus projetos. Depois de uma rigorosa seleção, Sueli Carneiro se tornou bolsista da Ashoka, o que foi importante para que se estruturasse financeiramente ao se dedicar com exclusividade ao Geledés, e para se conectar com pessoas interessantes de todo o mundo.

Na Ashoka, mais de uma década depois, Sueli conheceu Lara Dee, que se tornou uma amiga próxima e querida. Lara foi chacrete e aos 64 anos de idade acaba de concluir a graduação em ciências sociais, com um trabalho que repensava a figura da mulata como possibilidade de resistência e empoderamento. Hoje ela coordena a ONG Beleza & Cidadania.

Empreendedora nata, Lara Dee brinca que, em seus tempos de dançarina do Chacrinha, foi a primeira Uber do Brasil. Percebendo que a despesa em táxi que as colegas tinham para voltar das apresentações podia significar um rombo no orçamento, ela fez as contas e achou que seria um bom negócio comprar um carro. Financiou um carro zero no Mappin, em 36 vezes. Nunca tinha dirigido, bateu o veículo novinho sete vezes enquanto aprendia. Deixava as companheiras em casa e, com o valor que cobrava por mês, quitou o carro em um ano e meio, e ainda trocou por um melhor. Ela também se deu conta de que as meninas eram muito desorganizadas financeiramente, então passou a oferecer outro serviço: mediante certa taxa, ela administraria o dinheiro delas. E mais: criou a grife Mamãe Vou pra Zona, de vestidos que de um lado eram bem extravagantes, com paetês, cores berrantes, e do outro eram discretos, monásticos. Bastava vesti-los pelo avesso para pegar o ônibus de manhã sem chamar a atenção.

Ao longo dos últimos vinte anos, Sueli Carneiro e Lara Dee

têm estabelecido trocas generosas uma com a outra. Sueli incentivou a amiga a ir para a faculdade aos 59 anos de idade, estudar teoria, encarar reflexões mais densas. Lara Dee, aficionada da moda, dá boas dicas para Sueli se vestir. Gostam de passear juntas, comer em bons restaurantes, tomar vinho. Um convívio prazeroso, de muito afeto.

Lara Dee vê em Sueli Carneiro uma elegância requintada, sintetizada no modo como mexe no anel de prata e madrepérola do dedo indicador ao conversar. Roupas bem cortadas, em tons de verde, azul e marrom sobrepostos, colares ou brincos contrastando compõem um estilo marcante que a amiga dá a entender que é por acaso.

O cabelo rastafári, adotado desde a metade dos anos 1990, foi se formando naturalmente depois de Sueli ter experimentado tranças na infância, alisamento na adolescência, peruca no início dos anos 1970, penteados variados. Resolveu deixar o cabelo crespo livre para ver o que acontecia, e o rasta tomou forma. De tempos em tempos, quando sente muito calor, Sueli apara as pontas do cabelo ela mesma.

40. Matriarcado

No início dos anos 1990, Sueli Carneiro namorou por uns dois anos um rapaz conhecido do movimento negro. O convívio foi ótimo até casarem. A relação não durou mais que seis meses a partir do dia em que decidiram construir uma vida juntos. Ele era dedicado ao candomblé, filho de Iemanjá; Sueli, filha de Ogum, que sempre reverencia a grande mãe. Tudo ia bem nessa configuração, até Sueli perceber posturas de macho alfa no companheiro. Como dizia o pai de santo de Sueli, Ogum não aceita dois chapéus na casa dele. Um teve de sair.

Pouco depois desse segundo casamento, um dia ela estava em casa com a filha quando um velho companheiro do movimento negro foi visitá-la. Conversa vai, conversa vem, ele proclama: "Há vacância de poder aqui". Sueli ignora o comentário machista e segue a prosa. Tempos depois, de novo com Luanda em casa, ela recebe a visita desse mesmo homem. E de repente ele tira a camisa, pretextando calor. Solimar, que estava na parte de cima, desce as escadas e pergunta: "É seu nego?". Não, diz Sueli. "Meu também não. Por que ele está sem camisa?", diz, olhando a irmã. O sujeito percebeu imediatamente que não havia nenhuma vacância de poder, vestiu a camiseta e nunca mais fez nenhuma gracinha.

Luanda tinha dez anos quando d. Eva foi morar na casa da rua Gioconda. Solimar já tinha ido para a casa dela; Suelaine, Gersio e Celmo estavam casados. Sueli montou um terceiro quarto para receber a mãe. Se antes já não havia vacância de poder naquela casa, com a chegada da rainha é que tudo seria ocupado. Ao convidá-la, a filha foi alertada: "Você sabe, né, que se eu for a casa não vai mais ser sua?". Sueli sabia. As tarefas domésticas não eram responsabilidade de Eva, mas ela gostava de cozinhar e cuidar da casa como um todo. "Cadê o supermercado, Sueli?", perguntava, antes de repetir que a filha comprava de tudo, menos o essencial.

A relação com Luanda tinha uma intimidade impensável para qualquer outro neto, filha ou filho. Viviam de abracinhos, e se a avó reclamava do grude Luanda lhe fazia cócegas e dava beliscões. O clima de harmonia e leveza só era quebrado com a chegada de Sueli, que passava mais tempo fora que dentro de casa. Se vinha um pouco mais cedo, provavelmente de cara fechada e reclamando de alguma coisa, Eva brincava: "Zé Horácio chegou!".

PARTE IV: CENTRALIDADE

41. Geledés de muitas soberanas

Em 1989, antes mesmo da criação do SOS Racismo, a psicóloga Maria Lúcia da Silva foi a Atlanta, nos Estados Unidos, conhecer o sistema de saúde para mulheres negras. Lá, teve contato com uma metodologia para lidar com as questões da subjetividade de mulheres vítimas do racismo. Na volta, criou no Geledés o projeto Construindo nossa *cumplicidade* para criar espaços de pertencimento, onde era possível lidar com as dores do racismo e do sexismo. A própria equipe do instituto foi beneficiária da metodologia, importantíssima para as diretoras e para o fortalecimento do grupo. Foi o primeiro projeto da instituição a receber financiamento, mesmo que pontual, da International Women's Health Coalition.

Em 1990, Edna Roland começou a oferecer oficinas de sexualidade e saúde reprodutiva a mulheres negras; com financiamento da mesma organização internacional, em 1991, foi criado o Programa de Saúde de Geledés. Coordenado por Edna, o programa foi inaugurado com um debate sobre a esterilização de mulheres no Brasil e o lançamento simultâneo de dois cadernos, editados por Nilza Iraci, coordenadora de comunicação: *Mulher Negra & Saúde* e *Esterilização: Impunidade ou Regulamentação?*.

A perspectiva de regulamentar a esterilização cirúrgica de mulheres negras, defendida naquele momento pelo Geledés, era um ponto importante de divergência com o Programa de Mulheres do Ceap — Centro de Articulação de Populações Marginalizadas. Jurema Werneck, médica que pouco tempo depois seria uma das fundadoras da ONG Criola, liderava pelo Ceap uma campanha nacional contrária à esterilização em massa de mulheres negras, associada ao racismo e ao extermínio do povo negro. As mulheres do Ceap, portanto, não admitiam a possibilidade de regulamentação.

Por iniciativa do Programa de Saúde de Geledés, em agosto de 1993 foi realizado o Seminário Nacional Políticas e Direitos Reprodutivos das Mulheres Negras, que resultou na Declaração de Itapecerica da Serra, documento-marco do movimento de mulheres negras brasileiras, definidor da posição brasileira na III Conferência Mundial de População e Desenvolvimento das Nações Unidas, no Cairo, em 1994. Diversos itens da declaração foram incorporados ao relatório oficial do governo brasileiro.

Nesse início da década de 1990, Sueli Carneiro recebeu uma carta de Cidinha da Silva, que desde que viera a São Paulo para o Tribunal Winnie Mandela, quando ainda era estudante de história, voltava à cidade anualmente, quando passava dias e dias no Geledés e acompanhava Sueli em algumas atividades. Assim que se formou, Cidinha escreveu pedindo ajuda para encontrar trabalho em São Paulo, onde gostaria de viver.

Depois de consultar as outras diretoras, Sueli convidou Cidinha para participar da seleção de uma pesquisa sobre esterilização cirúrgica que estava em andamento, em parceria com o Cebrap. Dali a vinte dias desembarcava Cidinha, de mala e cuia.

Dois anos depois foi trabalhar no Programa de Direitos Humanos, onde esteve por mais onze anos.

Cidinha da Silva, hoje premiada escritora, coordenou vários projetos e foi diretora e presidenta do Geledés por dois anos. Sueli cogitou haver encontrado sua sucessora, mas a suposta sucessora assumiu a carreira de escritora. As duas construíram uma relação de cumplicidade e afeto.[1] Cidinha conhece Sueli como poucas pessoas, já escreveu textos em sua homenagem. Num deles, diz que aprendeu muitas lições com o Método SC. "Contumaz (às vezes duro demais)", com broncas dadas "de maneira brusca e desproporcional". Cidinha e Solimar, além de Luanda, costumam ser chamadas de filhas por Sueli Carneiro, mãe dura e exigente, com fama de ficar ainda mais dura depois de uma ou duas cervejas.

No início dos anos 1990, advogadas feministas de toda a América Latina se puseram a traduzir para uma linguagem popular os instrumentos jurídicos, a fim de que mais mulheres pudessem entendê-los e apoiassem a comunidade a acessar o sistema de justiça. A inspiração inicial para a iniciativa veio do Peru. Mulheres indígenas de etnia quéchua vendiam leite e eram muito exploradas. Quando questionavam, elas recebiam uma papelada em espanhol, língua que não dominavam. Uma organização feminista passou a assessorar aquele grupo, traduzindo os contratos e a legislação trabalhista para o quéchua, numa linguagem cotidiana acessível.

Sônia Nascimento soube dessa experiência e de outras similares, na Argentina e no Chile, em um seminário promovido pelo Cladem, Comitê Latino-Americano e do Caribe para a Defesa dos Direitos da Mulher, em 1992. No Brasil, a primeira organização a oferecer esse tipo de educação legal foi a Themis — Gênero, Justiça e Direitos Humanos, do Rio Grande do Sul. Sob a coordenação de Denise Dora, foi criado o programa Promotoras

Legais Populares, em 1993. No ano seguinte, Amelinha Teles faz o primeiro PLPs de São Paulo, na União de Mulheres. Em 1999, com muitos resultados positivos em Porto Alegre e São Paulo, a Themis amplia o projeto com apoio do Ministério da Justiça e constrói parcerias com dez entidades, nas várias regiões do país. Promoveram um curso imersivo de uma semana, do qual participaram Sônia, Solimar e Nilza.

No Geledés, Solimar foi a primeira a coordenar o projeto, que logo foi assumido por Sônia. Ao longo de um ano, líderes comunitárias participam de aulas ministradas por advogadas, juízas, promotoras, defensoras, médicas, enfermeiras, especialistas em comunicação e educação, ativistas feministas e dos direitos da população negra e da comunidade LGBT. Visitam instituições públicas, como fóruns, delegacias, conselhos tutelares, casas de acolhimento, casas legislativas. Participam de um júri simulado no Tribunal de Justiça. Quando necessário, fazem terapias breves. Saem emocionalmente fortalecidas, com conhecimento do funcionamento do sistema de justiça, dos direitos humanos e das relações raciais.

Cerca de oitocentas mulheres tornaram-se promotoras legais populares depois de passar pela formação do instituto. Muitas voltaram a estudar, concluíram a educação básica, a graduação, algumas até a pós-graduação. Além do aprendizado sobre direitos humanos, gênero, raça, as PLPs se apropriam da própria cidadania e se engajam numa rede de solidariedade para ações de combate à violência racial, sexual e doméstica.

Por onde andam, escutam e orientam outras mulheres em situações de violência e em questões trabalhistas e outras relacionadas a pensão alimentícia, divórcio, investigação de paternidade, aposentadoria, filhas e filhos encarcerados. Oferecem atendimento jurídico quando é possível prescindir da atuação de uma advogada ou advogado. Encaminham os casos com os quais não podem lidar. Denunciam o racismo, o sexismo e outras formas de discriminação. Sônia Nascimento tem dedicado a vida a esse projeto, acompanhada pela cada vez mais reconhecida Maria Sylvia Aparecida de Oliveira.

Em 2000, a Fundação Ford ofertou um planejamento estratégico ao Geledés, e isso interessava às diretoras. Ao final, ficou evidente a existência de vários Geledés,[2] já que cada área sempre agiu com muita autonomia. Cada equipe, inclusive, trabalhava num andar diferente. E uma das recomendações era juntar todo mundo num mesmo espaço. Poderiam seguir preservando a autonomia das áreas, mas melhorariam a comunicação. E então obtiveram recursos para a compra de uma sede própria. A saúde financeira da organização melhorou depois que deixaram de pagar aluguel. Encontraram salas grandes, iluminadas, que comportavam toda a equipe, no quarto andar da rua Santa Isabel, 137, a 450 metros da estação República do metrô. No dia 22 de outubro de 2001, toda a diretoria estava no cartório para fazer o registro da compra da sede.

Para coordenar o Programa de Direitos Humanos do Geledés, composto por tantos projetos diferentes, e ainda participar ativamente das articulações do movimento negro, Sueli Carneiro passava muitas horas por dia fora de casa. O trabalho, o ativismo, as amizades estavam no Geledés, e o lazer estava no bar mais próximo, em rodadas de chope, entre fofocas e articulações políticas. O futebol transmitido pela televisão era sempre sagrado. E nos dias em que ela conseguia chegar em casa mais cedo, assistia novelas água com açúcar.

42. Projeto Rappers e Geração XXI

Entre os anos 1980 e 1990, a meninada do hip hop ocupava o largo São Bento, no centro de São Paulo, com suas rimas e danças. Ali nasceu o rap brasileiro, que se espalhou pelas periferias do país denunciando as condições de marginalização social, racismo, preconceitos e violência a que estão expostos os jovens negros, que sofriam, e ainda sofrem, constantes revistas e abusos da polícia e eram sistematicamente acusados de desacato.

Em 1992, aos dezenove anos, Clodoaldo Arruda — filho de Antonio Carlos de Arruda e Silva, então coordenador do SOS Racismo — organizou um grupo para reivindicar ao Geledés uma atitude institucional. Queriam que os advogados da organização estivessem presentes em todos os shows para intervir nas situações de violência policial. Na impossibilidade de atender ao pedido, o instituto propôs um seminário em parceria com grupos de rap, para discutir possibilidades de ação. Cinquenta jovens participantes criaram, com a equipe do Programa de Direitos Humanos, o Projeto Rappers, coordenado por Solimar Carneiro.

A equipe de educadores, a coordenação pedagógica e Solimar mantiveram uma escuta respeitosa durante todo o projeto e ofereceram apoio institucional e sustentação política para desenvolver as soluções que eles haviam proposto. De 1992 a 2000, foram selecionados, dentre os rappers, agentes culturais que recebiam formação musical e de direitos humanos, em oficinas de política, direitos e garantias fundamentais, sexualidade, história da música clássica e do jazz. Ouviam militantes mais velhos e compartilhavam suas vivências das ruas. Multiplicavam o que aprendiam em bailes nas periferias, debates em escolas, faculdades, presídios, programas de rádio e televisão.

Em vez de enfrentar a polícia para realizar suas apresentações e encontros, inverteram a lógica. Realizaram festivais de break na estação São Bento do metrô, no Vale do Anhangabaú e no Brás, pedindo proteção ao poder público. Chegaram a promover com a Ordem dos Advogados do Brasil, em 1995, um debate entre jovens e o comando da PM chamado Caminhos da Cidadania — O Rap e a Dignidade Humana no Relacionamento Polícia Militar e Rappers.

Uma geração de jovens negros e negras formados pelo projeto se consolidou como educadores, produtores culturais, conselheiros tutelares, atores, músicos, artistas visuais e da dança, performers. Alguns haviam frequentado a escola por cinco ou seis anos e voltaram a estudar depois do projeto. Hoje são inúmeros os que têm protagonismo no movimento negro, no cenário cultural, na gestão pública, na academia e no terceiro setor.[1]

A cada dia chegavam mais adolescentes, e a sede na praça Carlos Gomes não comportava a demanda. Alugaram uma casa com um quintal enorme, que se tornou exclusiva do Projeto Rappers, onde eram oferecidas aulas de literatura, capoeira, feminismo, capacitação profissional. Coordenado por Cristina Batista, a Lady Rap, as meninas criaram o Femini Rap, espaço para as discussões específicas das jovens negras, como sexualidade, contracepção e machismo — foi considerado um projeto-modelo, tanto que Lady Rap participou da Conferência de Beijing, em 1995, como uma das representantes das jovens latino-americanas. Por ideia da moçada, entre 1993 e 1994 foi produzida a *Pode Crê!*, uma revista negra voltada para o público jovem, especializada em hip-hop, vendida em banca. Na primeira edição, de fevereiro/março de 1993, Mano Brown, dos Racionais, foi o destaque da capa, com a chamada "O rap é a música dos anos 90". Flávio Carrança era o jornalista responsável e editor da publicação, que trazia textos e fotos da garotada que participava do projeto. A revista *Raça Brasil*, de 1996, foi inspirada na *Pode Crê!*, como se pode ler em seu primeiro editorial.

Em 1999, o conselho diretivo do BankBoston veio dos Estados Unidos conhecer a sede do banco em São Paulo. Um executivo negro norte-americano viu a equipe e perguntou por que não havia pessoas negras. Sem resposta, a filial daqui procurou a Fundação Palmares, entidade então ligada ao Ministério da Cultura, com a proposta de financiar um projeto de promoção de equidade racial. Dulce Maria Pereira, militante do MNU, à época presidenta da fundação, convidou o Geledés para esboçar um projeto a ser realizado pelas três instituições, numa parceria mercado, governo e terceiro setor.

Foi a oportunidade para criar o primeiro programa de ação afirmativa do Brasil voltado a jovens negras e negros, o chamado Geração XXI. O projeto foi todo desenhado por Cidinha da Silva, sua coordenadora desde o início até 2003, quando se desligou da instituição. Denise Botelho, Rosangela Costa Araújo e Suelaine Carneiro a sucederam até seu encerramento, em 2007. Precursor das ações afirmativas no Brasil, foi um projeto pioneiro que ajudou a construir a possibilidade de se falar em cotas um dia.

Foram selecionados 21 jovens negros entre treze e quinze anos, do penúltimo ano do ensino fundamental, antiga sétima série, cujas famílias tinham renda entre dois e três salários mínimos por mês. Além da formação em direitos humanos, gênero, raça, etnia e língua inglesa, o projeto garantia, até que concluíssem a universidade, condições plenas de desenvolvimento: acompanhamento de aprendizagem, recursos financeiros diretos — bolsa-escola — e indiretos — vale-refeição e vale-alimentação, transporte, pagamento de despesas médicas e odontológicas, acesso a bens culturais.

Dos 21 ingressantes no Gera, como era chamado pelos jovens, vinte entraram em universidades consideradas de excelência, em cursos que iam de educação física a direito. Em pouco tempo, outras empresas estruturaram projetos de ação afirmativa inspirados nele. Cidinha organizou a obra *Ações afirmativas em educação: Experiências brasileiras*, publicada em 2003, pela Selo Negro, em que estão registradas e analisadas algumas das experiências.

A permanente troca entre o Geledés e o BankBoston inspirou o Café Cultural, espaço para o debate público da questão racial. As constantes demandas de necessidades primárias por parte das famílias dos jovens provocaram a criação de um outro projeto, o Família XXI, de geração e renda e educação continuada para os familiares dos jovens envolvidos no projeto, com a participação de mais de cem pessoas.

O BankBoston nunca incorporou jovens ou familiares beneficiários do projeto em seu quadro de funcionários, e essa foi uma contradição com a qual as coordenadoras tiveram de lidar. Era uma ação afirmativa, sim, muito importante. Mas que poderia soar como uma obrigação para fazer bonito sem incorporar realmente a discussão na empresa. Uma medida para inglês ver.

43. Portal Geledés

Em 1997, Antônio Carlos dos Santos Filho, que coordena a TI do Geledés, propôs que o instituto criasse um site. A internet comercial existia no Brasil desde o ano anterior e KK, como Antônio Carlos era conhecido, explicou às diretoras que dali para a frente todos os fluxos de informação passariam pela rede de computadores. Sueli Carneiro abraçou a ideia, e em 20 de novembro daquele ano foi ao ar o primeiro site de uma organização da sociedade civil brasileira. Foi, por anos, um site estático, com poucas atualizações.

Em 2000, Sueli foi convidada a assinar uma coluna no *Correio Braziliense*, uma colaboração que existiu por onze anos. Inicialmente eram textos semanais, depois quinzenais, sempre às sextas-feiras. A cada texto, Sueli se desafiava a articular temas em evidência com as necessidades do movimento de mulheres negras e do movimento negro. A escrita frequente no jornal se tornou um instrumento de luta política relevante, já que poderosos de Brasília estavam expostos aos debates públicos que ali circulavam. Vera Lúcia Benedito, coordenadora da Selo Negro Edi-

192

ções, propôs a Sueli uma coletânea dos artigos publicados, e em 2011 saiu o livro *Racismo, sexismo e desigualdade no Brasil*, reunindo 35 textos.

Ocasionalmente, Sueli publicou textos na *Folha* e no *Estadão*, entre outros; e também escreveu artigos acadêmicos e apresentações para atividades acadêmicas e políticas. Republicar esses textos no site do Geledés foi uma estratégia para mantê-lo mais atualizado e aumentou consideravelmente a divulgação das ideias de Sueli.

Cerca de dez anos depois da criação do site, KK veio com uma conversa de uma tal de internet 2.0, que possibilitaria ampliar o que o Geledés já fazia. Naquela ocasião, delineava-se no horizonte do país uma debandada de financiadores estrangeiros e havia o temor de minguarem os recursos do instituto, inviabilizando a manutenção da sede e o desenvolvimento de programas. As agências internacionais passavam a compreender o Brasil como um país rico, próspero, com recursos suficientes para sustentar sua sociedade civil. Os alvos prioritários de investimentos migraram para o Leste Europeu e a África.

O que a rede poderia fazer pelo Geledés? Quando compreendeu que, se tudo desse errado e fosse preciso fechar as portas, o instituto poderia existir virtualmente, Sueli não pestanejou. A existência virtual da organização diminuiria custos e permitiria continuar operando e cumprindo a missão institucional.

Além de publicar textos inéditos de militantes e pesquisadores negros e republicar o que circulava na imprensa e na internet sobre a temática racial, era possível informar o que produzia cada área da instituição, divulgar a memória institucional, criar campanhas.

No início, as postagens eram sempre validadas por Sueli Carneiro ou outra diretora, mas com o tempo alguns funcionários foram ganhando autonomia para tanto. Fonte avalizada de informação sobre a diáspora negra, mesmo publicando apenas textos em língua portuguesa, hoje é acessado por pessoas de todos os continentes, negras e não negras.

Em 2014, por iniciativa de Sueli Carneiro, o Geledés aprofundou as possibilidades tecnológicas do projeto Promotoras Legais Populares, depois de ganhar, pelo voto popular, 1 milhão de reais como prêmio do 1º Desafio de Impacto Social Google Brasil. O Geledés e a Themis criaram o aplicativo PLP 2.0 — mulheres em situação de extrema violência, que possuem medida protetiva, são selecionadas pela Justiça para utilizar o app, que dispara uma mensagem para a Secretaria de Segurança Pública.

O aplicativo, lançado em Porto Alegre e em São Paulo, visa proteger as mulheres, não deixando sozinhas aquelas em situação de risco, permitindo que elas se conectem quase instantaneamente a uma rede de pessoas e entidades que atuam no combate à violência doméstica.

Ao participar ativamente do planejamento dos mecanismos do aplicativo, Sueli esteve próxima de Denise Dora, que conhecera em 1985, no Encontro Feminista de Bertioga. Certa vez, o Google havia marcado uma reunião logo cedo, e então Denise, que morava em Porto Alegre, viajou para São Paulo na véspera e se hospedou na casa de Sueli. À noite, conversando sobre como as mulheres se defendem, como reagem, como são as agressões, Denise percebeu que aquela questão da violência doméstica era especialmente difícil para a colega. Depois de décadas de convívio, apenas naquele momento Sueli contou o que vivera na infância, no núcleo familiar.

Em uma das apresentações que fizeram no Google, Luciano Huck, membro do comitê de seleção, mesmo depois de ouvir o histórico das PLPs e os objetivos do projeto, perguntou a Sueli se o aplicativo atenderia apenas mulheres negras ou se beneficiaria qualquer mulher vítima de violência. "Minha parceira neste projeto é aquela ali, suficientemente loira, como sua esposa, para garantir que mulheres brancas também sejam atendidas", disparou Sueli, apontando para Denise Dora. Um silêncio absolutamente constrangedor ocupou toda a sala.

44. Mandela

Depois de passar 27 anos preso e após uma campanha internacional, Nelson Mandela foi solto em 1990. Em viagens internacionais, o líder cobrava que se mantivessem as sanções comerciais à África do Sul até que o direito de voto fosse garantido a negras e negros. Em agosto de 1991, quando visitou o Brasil acompanhado por Winnie Mandela, Sueli Carneiro esteve com ambos pela primeira vez.

Mandela recebeu de Fernando Collor de Mello, presidente à época, a medalha Grã-Cruz da Ordem do Rio Branco; da Universidade de Brasília, o título de doutor honoris causa; na Assembleia Legislativa de São Paulo, Alesp, o título de Cidadão Paulistano, das mãos do deputado negro, Vital Nolasco, do PCdoB. No Rio de Janeiro, 50 mil pessoas foram ouvi-lo na praça da Apoteose, ao lado de Leci Brandão, Martinho da Vila e Tim Maia.

Em seus discursos, Mandela agradecia o apoio que recebera do Brasil enquanto esteve preso, de "homens e mulheres que eram valiosos lutadores contra o racismo e a opressão". Na Alesp, quebrou o protocolo ao pedir que lideranças da luta antirracista fossem até ele para algumas palavras e um aperto de mãos.

Sueli Carneiro encontrou Nelson Mandela em mais duas ocasiões: em 1996, em Johannesburgo — ele já era presidente da África do Sul —, durante um seminário de estudos comparados de que participou a convite do sociólogo Bolívar Lamounier; e em 1998, quando Mandela veio em visita oficial ao Brasil, na condição de presidente. Mandela esteve preso por quase três décadas, num gesto de afirmação de sua absoluta liberdade. Que preço você está disposto a pagar para afirmar sua liberdade? Um homem disse que poderia permanecer preso por 27 anos. E Sueli acha isso extraordinário. Vê em Mandela um farol do patamar de humanidade que se precisa buscar. Quando suas *Cartas da prisão* foram publicadas no Brasil, em 2018, a Editora Todavia e o Sesc convidaram Sueli para gravar um vídeo de cerca de três minutos, lendo uma das cartas. No concreto abundante do Sesc 24 de Maio, no centro de São Paulo, Sueli leu as palavras que Mandela endereçou a Winnie em 1º de julho de 1970:

[...] Nossa causa é justa. É uma luta por dignidade humana & uma vida decente. Nada deve ser feito ou dito que possa ser interpretado direta ou indiretamente como uma negociação de princípios, nem mesmo sob a ameaça de uma acusação mais grave & de uma pena mais severa. Ao lidar com pessoas, sejam elas amigas ou inimigas, você é sempre educada & amável. Isso é igualmente importante em debates públicos. Podemos ser francos e autênticos sem ser afoitos ou ofensivos, podemos ser educados sem ser subservientes, podemos atacar o racismo & seus males sem nutrir em nós mesmos sentimentos de hostilidade entre diferentes grupos raciais.[1]

As poucas linhas transcritas condensam o que Sueli Carneiro mais admira em Mandela: mesmo diante da tragédia que acometeu os povos africanos e sua diáspora, um homem negro oferece o caminho para um processo civilizatório que busca a excelência humana, a transcendência, todas as utopias de justiça, igualdade, acolhimento, cuidado.

Para Sueli Carneiro, todo o sofrimento da opressão de quinhentos anos de negras e negros no Brasil poderia oferecer elementos poderosos para um novo tempo, quando valorizar a diversidade seria, então, pré-requisito para a reconciliação de todos os seres humanos e missão civilizatória das gerações futuras. Do sofrimento provocado pela escravização e pelo racismo deveriam vir, em vez de uma revanche que nos corromperia, as condições necessárias para a revelação do humano que reconhece e repara a opressão, e a ela renuncia.

Como fez Nelson Mandela.

45. Dia Internacional da Mulher Negra Latino-Americana e Caribenha

Dois anos depois do III Encontro Feminista da América Latina e do Caribe (Eflac) de 1985, em Bertioga, Sueli Carneiro foi ao México participar da quarta edição do mesmo evento, em Taxco, Guerrero. Onde quer que chegasse, no Brasil ou no exterior, ela procurava as mulheres e entidades negras locais para saudá-las e construir alianças. Como já vinha fazendo no Brasil, no encontro sediado no México Sueli falou da importância de enegrecer o feminismo no continente, rompendo o reducionismo do feminismo branco hegemônico em não reconhecer as desigualdades entre as mulheres e não incorporar as reivindicações de mulheres negras à luta ampla do feminismo.

Em 1990, durante a quinta edição do evento, em San Bernardo, Argentina, as mulheres negras do continente se reuniram e acordaram a necessidade de fazer um encontro próprio, como haviam pensado em 1987, em Garanhuns, onde gestaram o I Encontro Nacional de Mulheres Negras.

Assim, em julho de 1992, entre os dias 19 e 25, foi realizado o I Encontro de Mulheres Negras da América Latina e do Caribe, em Santo Domingo, República Dominicana. Mais de 350 mulheres negras, de 32 países, se reuniram durante seis dias.

Nesse encontro, foi criada a Rede de Mulheres Afro-latino--americanas, Afro-caribenhas e da Diáspora (RMAAD),[1] cujo objetivo era construir e dar visibilidade a um movimento amplo de mulheres negras latino-americanas que se propunha mostrar as desigualdades vivenciadas na diáspora. E também compartilhar estratégias de participação nas instâncias governamentais e fazer valer os acordos internacionais em cada um dos países. A rede assumiu papel central nas denúncias e articulações internacionais contra o racismo e o sexismo nas conferências da ONU na década de 1990, especialmente nas conquistas da Conferência de Durban, em 2001, como se verá mais adiante

Naquele primeiro encontro, o 25 de julho ficou definido como marco internacional da luta e da resistência da mulher negra. Por isso, no Brasil, em 2014, quando Luiza Bairros era ministra-chefe da Secretaria de Políticas de Promoção da Igualdade Racial, Seppir, Dilma Rousseff decretou, pela lei nº 12 987/2014, o 25 de julho como o Dia Nacional de Tereza de Benguela — durante o século XVIII, uma líder quilombola que resistiu à escravidão por pelo menos duas décadas — e da Mulher Negra.

Gaúcha de nascimento, baiana por adoção, Luiza Bairros era reconhecidamente uma das intelectuais e ativistas mais brilhantes do movimento negro brasileiro. Formada em administração de empresas, mestre em ciências sociais, cursou um doutorado em sociologia na Universidade de Michigan, nos Estados Unidos. Militante do MNU e do movimento de mulheres negras a partir do final dos anos 1970, início dos 1980, foi secretária de Promoção da Igualdade Racial da Bahia no governo Jaques Wagner e ministra da Seppir no primeiro mandato de Dilma Rousseff.

Sueli e Luiza compartilhavam um pensamento ágil que transformava em plateia quem estivesse perto delas. Companheiras de luta que se reconheciam na inteligência, no compromisso político, no humor impaciente e na partilha farta de carne e cerveja ou vinho. Para a posse na Seppir, Luiza teve direito a três convites, um dos quais reservado para Sueli.

46. Conferências da onu

Depois da queda do muro de Berlim, em 1989, a onu promoveu uma série de conferências mundiais para repactuar as diretrizes de seus países-membros, encontros que se consolidaram como fóruns de recomendações de políticas públicas, relativamente respeitados pelos governos brasileiros até 2017. Crescia entre as mulheres a consciência de que os processos de globalização neoliberais agudizam a pobreza e a desigualdade. As estratégias de ação deveriam ter uma perspectiva internacionalista, com a parceria de diversos movimentos e instituições. Além de desenvolver ações regionais na América Latina e no Caribe, as ativistas estavam articuladas para participar de fóruns internacionais também com as mulheres do Norte do mundo, naquele momento chamado Primeiro Mundo. Mesmo quando não compareceu às conferências, Sueli Carneiro participou ativamente do planejamento das estratégias e ações.

Segundo várias pesquisadoras, as conferências convocadas pela onu ao longo da década de 1990 serviram de porta de entrada para a implementação de recomendações e formulações de políticas públicas nos diferentes países. O movimento de mulheres negras aprofundou suas relações transnacionais, articulando as pautas e os rumos das conferências, e também estabelecendo vínculos e parcerias entre os movimentos.

As mulheres negras, em composição com o movimento feminista internacional, tiveram uma participação notável na Conferência das Nações Unidas sobre o Meio Ambiente e Desenvolvimento (ECO 92), no Rio de Janeiro; na Conferência Mundial de Direitos Humanos de Viena (1993); na Conferência do Cairo (1994); na Convenção de Belém do Pará (1994); na Conferência de Beijing (1995). Ampliaram o debate racial nacional e internacional, sensibilizando movimentos, governos e a própria ONU para a inclusão da perspectiva antirracista e de respeito à diversidade nos mais variados temas.

Na ECO 92, organizações não governamentais e movimentos sociais realizaram o Fórum Global 92, reconhecido pelas Nações Unidas como instância de participação da sociedade civil. O movimento de mulheres organizou o Planeta Fêmea, com seminários, reuniões, manifestações políticas e culturais, por onde passaram mais de 30 mil pessoas. A ambientalista queniana Wangari Maathai, fundadora do Green Belt Movement, que em 2004 recebeu o Nobel da Paz, foi uma das conferencistas da tenda das mulheres.

Sob coordenação de Nilza Iraci e Arnaldo Xavier, o Geledés e a Soweto Organização Negra lançaram a publicação *Há um buraco negro entre a vida e a morte*,[1] afirmando a questão racial como central para o chamado desenvolvimento sustentável.

O documento resultante da conferência, a "Agenda 21", demandava urgência aos governos para ratificar as convenções relativas à mulher e o cumprimento dos procedimentos jurídicos, constitucionais e administrativos para transformar direitos reconhecidos em leis nacionais. Só assim as mulheres poderiam participar plenamente e em condições de igualdade nas questões e decisões relativas ao desenvolvimento sustentável.

Em 1993, Deise Benedito representou o Geledés na II Conferência Mundial de Direitos Humanos, realizada em Viena. A atuação do movimento feminista foi decisiva para explicitar que mulheres e meninas também fazem parte da categoria "humano", pela inclusão do artigo 18 da Declaração de Viena:

> Os direitos do homem, das mulheres e das crianças do sexo feminino constituem uma parte inalienável, integral e indivisível dos direitos humanos universais. A participação plena e igual das mulheres na vida política, civil, econômica, social e cultural, em nível nacional, regional e internacional, e a erradicação de todas as formas de discriminação com base no sexo constituem objetivos prioritários da comunidade internacional.

O debate feminista entrou de vez no campo dos direitos humanos, com o reconhecimento de que o Estado não é responsável por violar direitos apenas quando tortura pessoas, mas também quando é omisso e discriminatório. A Declaração de Viena afirmou — e a Convenção de Belém do Pará (1994) deixou ainda mais explícito — que a violência contra mulheres em esfera privada é uma questão pública. Portanto, estupro e violência doméstica deveriam ser interpretados como crimes contra os direitos humanos. Tal dispositivo abriu espaço, por exemplo, para a criação da Lei Maria da Penha, em 2006. Ainda que a lei tenha se mostrado pouco efetiva para a proteção de mulheres negras, como já foi dito, é um marco legal importante.

Em Viena, o governo brasileiro sugeriu a realização de uma conferência mundial sobre racismo e outra sobre imigração, antes do ano 2000. Chamava a atenção internacional como a diplomacia brasileira parecia assumir todas as demandas da sociedade civil, em especial depois de Cairo. Pois foi durante a conferência no Egito que o Itamaraty apresentou as propostas mais avançadas no campo dos direitos humanos, incorporando definições importantes da Declaração de Itapecerica — fruto do Seminário Nacional Políticas e Direitos Reprodutivos das Mulheres Negras, de 1993, em que as formulações do Programa de Saúde do Geledés foram essenciais.

As mulheres negras organizadas foram para a III Conferência Internacional sobre População e Desenvolvimento, no Cairo, em 1994, com a ideia de que "em tempos de difusão do conceito de populações supérfluas, liberdade reprodutiva é essencial para etnias discriminadas para barrar as políticas controlistas e racistas". A partir do Cairo,[2] as políticas e os programas populacionais deixaram de focar no controle do crescimento como condição para melhorar a situação socioeconômica dos países. A saúde reprodutiva foi considerada direito humano e elemento fundamental para a igualdade de gênero, e o aborto inseguro, um grave problema de saúde pública.

Também em 1994, mulheres negras representantes de dezesseis países da América Latina estiveram no Foro de Mar del Plata para preparar a Conferência de Beijing, que seria realizada no ano seguinte. Com o apoio do Fundo de Desenvolvimento das Nações Unidas para a Mulher, Unifem (da sigla em inglês United Nations Development Fund for Women), o Geledés organizou um painel e produziu um documento das mulheres negras, reivindicando que a diversidade fosse o meio de alcançar níveis de desenvolvimento e de participação social e política.

O documento destaca que o racismo, forma ideológica de sustentação de um setor da população sobre o outro, constitui a barreira para o desenvolvimento sustentável de pessoas não brancas. Além disso, solicita o reconhecimento de que os países são multirraciais e multiculturais e exige dos governos a implementação de políticas para saldar a dívida histórica com mulheres negras, prioritariamente, e também de dados de etnia e gênero nos censos dos diferentes países.

Em 1995, em Beijing, na IV Conferência Mundial sobre a Mulher, a diplomacia de diferentes países acordou a retirada do termo "étnico-racial" de um dos artigos da declaração final, para o espanto das brasileiras ali presentes, como Nilza Iraci, do Geledés; Wania Sant'Anna, da Articulação de Mulheres Brasileiras; Fátima de Oliveira, da Rede Nacional Feminista de Saúde; Marta Oliveira, do Instituto de Estudos da Religião, Iser, no papel de observadora; e a então senadora Benedita da Silva. Nesse momento a diplomacia brasileira se mostrou ainda mais comprometida com o movimento social, pois num ato inédito o Itamaraty obstruiu a reunião do G-77 — grupo dos países em desenvolvimento do qual faz parte — dentro da conferência, por discordar da retirada do termo.

A questão, inegociável para as mulheres negras brasileiras, latino-americanas, caribenhas e dos países do Norte, foi assumida com firmeza pelo Estado brasileiro, que assegurou a redação final do artigo 32:

> intensificar esforços para garantir o desfrute, em condições de igualdade, de todos os direitos humanos e liberdades fundamentais a todas as mulheres e meninas que enfrentam múltiplas barreiras para seu desenvolvimento e seu avanço devido a fatores como raça, idade, origem étnica, cultura, religião [...].

Pela primeira vez os termos raça e etnia foram incorporados em um documento das Nações Unidas. Diante do entusiasmo das organizações internacionais com a diplomacia brasileira, as ativistas brincavam que não havia mesmo problema com o governo brasileiro nos espaços da ONU; os problemas só começam na volta. Cumprir os acordos eram outros quinhentos.

47. Enfrentar a Globo

Você abriu meu cofre, negro safado [...] Você pensa que acredito em crioulo? [...] Vocês, quando não sujam na entrada, sujam na saída [...] Foi vingança? Vingança porque não deixei você estudar? Você pensa que conseguiria aprender alguma coisa? Não sabe que o cérebro de vocês é diferente do nosso?

Um show de racismo no horário nobre da Rede Globo. No segundo semestre de 1994, o protagonista branco da novela *Pátria Minha* acusa injustamente de roubo o jardineiro negro. Qual a reação do jardineiro? Chora, jurando inocência.

Representando o Geledés e o SOS Racismo, Sueli Carneiro entrou com uma notificação judicial no Foro Cível contra a Globo e os autores da novela. Ao veicular imagens arcaicas dos negros, a novela feria a autoestima de toda uma comunidade, menos pelas palavras do protagonista branco do que pela passividade do homem negro diante do racismo. Assim começou uma batalha pública que durou três meses.

Um dos seis autores da novela, Sérgio Marques, disse ao

jornal *Folha de S.Paulo* que a notificação era ridícula e um atentado à liberdade de expressão. Ainda a chamou de prepotente.

Gilberto Braga, outro autor, afirmou que o objetivo da cena era denunciar o preconceito racial no Brasil. Disse que "palavras fortes" foram empregadas para "revoltar os telespectadores e mobilizá-los contra a discriminação".

A resposta de Sueli Carneiro

> Reconhecemos a importância de se discutir o racismo numa novela da Globo, o problema é que Kennedy e os demais negros de *Pátria Minha* comportam-se o tempo todo com submissão, não sabem se defender sozinhos. Precisam sempre que um personagem branco lhes mostre a luz. É uma visão arcaica e paternalista, típica dos velhos manuais de história.

O mundo desabou. Todo dia alguém criticava a denúncia em um jornal de grande circulação. E todo dia Sueli respirava fundo para responder à altura. A atriz Ruth de Souza defendeu a entidade na *Folha de S.Paulo*, afirmando ser "muito importante que o movimento negro proteste". Já Maurício Gonçalves, ator da Globo, disse que o movimento negro era um bando de vagabundos. Os autores perguntavam, com ironia, por que não tentavam censurar *A cabana do pai Tomás*.

Maurice foi essencial também nesse período. Parceiro, ajudou a segurar a onda. Telefonava para Sueli logo cedo: "Ó, vai com calma. Tem outra porrada assim, assim, assim". Era animador para ela saber que podia contar com o ex-marido, que sabia que também podia contar com a ex-mulher. Essa confiança, essa solidariedade, essa amizade que permaneceu — que a existência da Luanda potencializa — permite momentos assim.

No caso da Globo, era grande o assédio da imprensa brasileira e internacional a todas as diretoras do Geledés, que deram entrevistas a jornais do Japão à Noruega. Um cônsul norte-americano chegou a dizer a uma publicação de seu país que era a guerra entre Davi e Golias. Ninguém do movimento negro se pronunciou. O único grupo a prestar solidariedade foi o LGTB. O argumento que Sueli Carneiro evocou num artigo publicado no *Estadão* iluminou uma saída:

Os personagens brancos da novela são ricos, pobres ou de classe média. Generosos, egoístas, progressistas, reacionários, ou seja, refletem a multiplicidade de situações e atitudes presentes na sociedade. Diferentemente, os personagens negros estão congelados num único estereótipo: são humildes, indefesos e servis.

Alguns dias depois, a *Folha* publicou a manchete: "Novela terá família negra bem-sucedida". Silvio de Abreu, autor da novela das oito que sucederia *Pátria Minha*, foi à imprensa e declarou que dentre os personagens principais haveria uma família negra de classe média em ascensão econômica. Apesar de negar ser uma resposta ao caso, era como se com isso o assunto se encerrasse: "Pronto, elas têm razão, na próxima novela vou corrigir". À reportagem, o dramaturgo ainda disse que havia criado a família para atender a uma justa e antiga reivindicação do movimento negro.

Pela primeira vez, a mais poderosa emissora de televisão do país recuava diante do movimento negro. Além da retratação efetiva — a novela seguinte teria, afinal, uma família negra em pé de igualdade com as famílias brancas —, o debate público trouxe visibilidade nacional ao SOS Racismo e pôs a questão racial na ordem do dia. O episódio também revelou como casos exemplares tinham o poder de mobilizar a opinião pública e agir de forma pedagógica.

Anos depois, em 27 de dezembro de 1999, Sueli Carneiro

voltou a publicar um artigo na *Folha* denunciando Benedito Ruy Barbosa, autor da novela *Terra Nostra*, por retratar negras e negros como pessoas resignadas em relação à escravidão, ressaltando a bravura e o orgulho do imigrante branco italiano, que jamais se submeteria ao tratamento a nós dispensado. Como exemplo, Sueli apresentou a ponderação do barão de café sobre a impossibilidade de abrigar italianos nas senzalas desertas pela abolição: "São brancos. Trazem no coração o espírito da liberdade. Não vão aceitar essa história de senzala". Em outra cena, o menino negro lamenta: "Deus não quis me embranquecer". Não é preciso um esforço de imaginação muito grande para avaliar o impacto dessa frase na autoestima de crianças negras.

Mais uma vez Sueli Carneiro vinha explicar que essa estereotipia justifica a exclusão e a marginalização histórica de negras e negros, legitimando um projeto de nação de hegemonia branca e exclusão, ou admissão minoritária e subordinada de negros, indígenas e não brancos em geral. Projeto que faz, intencionalmente, uma leitura do passado omitindo a violência da escravidão e as diversas formas de resistência a ela, a abolição inconclusa e o papel da imigração na estratégia das elites de branqueamento da nação. Enfim, um projeto de nação que o imaginário televisivo não poderia consolidar.

O barulho foi menor. Demorou para que surgissem outros casos. Em 2002, Sueli ironizou o aparente equilíbrio entre persoangens brancas e não brancas no artigo "Movimento Negro no Brasil: novos e velhos desafios", publicado em Salvador:

> Parece que a Rede Globo de Televisão resolveu fazer ação afirmativa por sua própria conta e então estabeleceu uma cota mínima de um e máxima de três negros por novela. Estou certa de que viemos lutando para ampliar a presença negra nos meios de comuni-

cação, mas também tenho certeza de que nunca definimos essa cota estabelecida pela Globo!

Em "Mulheres em movimento", de 2003, o mais citado texto de Sueli — publicado na revista *Estudos Avançados* —, ela faz uma espécie de balanço dos vetores que nortearam, ao longo de duas décadas, as propostas do movimento de mulheres negras que resultaram em mudanças sociais efetivas. Ao lado de tópicos sobre mercado de trabalho, violência e saúde, figuram os meios de comunicação. A naturalização do racismo e do sexismo nas mídias reproduz e cristaliza os estereótipos e estigmas que prejudicam nossa afirmação identitária e valor social. Os meios não apenas repassam representações sociais sedimentadas no imaginário social; eles também as instituem, como agentes.

48. A misoginia de homens negros

Em 1994, Joel Rufino, que escreveu o roteiro da peça final do Tribunal Winnie Mandela, premiado com o Jabuti em 1979 (e depois em 2008), publicou um artigo com Wilson do Nascimento comparando mulheres negras a Fuscas e mulheres brancas a Monzas. Sueli Carneiro respondeu com o artigo "Gênero, raça e ascensão social", publicado na *Revista Estudos Feministas*, em 1995:

> Ao operar a partir de uma lógica de mercado segundo a qual quem tem mais dinheiro compra o melhor, no caso, um Monza, Joel Rufino incorre em duas grandes falácias. A primeira é tentar investir alguns homens negros de poder. A segunda é escamotear a tensão racial presente na relação interétnica porque a exogamia e as trocas matrimoniais que ela rege asseguram a transformação de um estado de hostilidade ou de antagonismo real ou potencial num estado de paz e aliança.

E então lembrou-o do estupro colonial da mulher negra pelo homem branco em nossa história:

> Joel Rufino, para sustentar suas bravatas, permite-se olhar para as mulheres do alto de sua hipotética supremacia de macho e tomá--las como Fuscas ou Monzas à sua disposição no mercado, tal como um senhor de engenho considerava e usava brancas e negras.

Sueli Carneiro segue, didática e acidamente, explicando que em um país racista como o Brasil, qualquer homem negro, por mais mobilidade social ou fama que possa ter, não tem poder real. "Não é dono dos bancos, não tem controle das grandes empresas, não tem representação política ou reconhecida importância intelectual e acadêmica", os elementos que, segundo ela, investem pessoas ou segmentos de poder em nossa sociedade. Dessa forma, qualquer poder exercido por um homem negro nessa sociedade é fruto da delegação de um homem branco, que pode destituí-lo a qualquer momento.

E mesmo que desfrutem individualmente de uma posição privilegiada, os homens negros não podem transferir seu prestígio pessoal ao grupo social e ainda servem, naquele momento, para legitimar o mito da democracia racial.

> Então a resposta de Joel a essa dor e a essa impotência será a misoginia. Ele sabe que nenhuma mulher branca ou negra pode apagar as marcas deixadas pela história e que as reproduzem no presente, mas vinga-se nelas tratando as brancas como objetos de luxo do seu proselitismo machista e as negras como objetos de segunda categoria disponíveis no mercado por um precinho módico.

> A resposta coletiva a tantas derrotas e fracassos, que nenhuma mobilidade social poderia apagar, seria, para Sueli Carneiro,

a organização política em entidades negras e a luta política cotidiana contra o racismo e a discriminação. Só no coletivo podemos forjar proposta de emancipação social e resgatar a dignidade de homens e mulheres negras no Brasil.

49. Marcha Zumbi dos Palmares contra o Racismo, pela Cidadania e pela Vida

Em 20 de novembro de 1995, 30 mil pessoas participaram da marcha em Brasília. No ano comemorativo do tricentenário da morte de Zumbi dos Palmares, maior herói negro do Brasil, afirmaram que o 13 de maio não dizia respeito a negras e negros, e que a liberdade era fruto da luta de Zumbi. O 20 de novembro seria o Dia Nacional da Consciência Negra. A proposta, fruto sobretudo das pesquisas do poeta Oliveira Silveira e acatada pelo movimento negro em todo o país, veio do grupo Palmares, do Rio Grande do Sul. Depois de anos compartilhando histórias de personagens e lutas negras e denunciando a falácia do mito da democracia racial, era o momento de exigir ações efetivas do Estado. Os movimentos de mulheres negras se articularam aos movimentos negros e redirecionaram a agenda política nacional.

A Coordenação Executiva da Marcha, sob a liderança de Edson Cardoso, que compunha o Movimento Negro Unificado, era integrada por Sueli Carneiro, representando o Geledés; Hédio Silva, do Ceert (Centro de Estudos das Relações de Trabalho e Desigualdades) e Ivanir dos Santos, do Ceap (Centro de Articulação de Populações Marginalizadas), entre outros. As três centrais sindicais (CUT, Força Sindical e UGT), bem como as entidades negras ligadas a partidos, também estavam na executiva. Havia muita disputa entre quem de fato privilegiava a pauta racial e quem queria aproveitá-la como oportunidade para desgastar o governo Fernando Henrique Cardoso. O tiroteio era cerrado, dentro e fora do grupo.

Além dos conflitos internos, os órgãos de repressão do Estado estavam atentos aos passos do grupo. Em sua tese de doutorado, defendida na USP em 2014, Edson Cardoso narra que a Polícia Militar do Distrito Federal monitorou um curso de extensão que ele ministrou na UnB, em 1995, meses antes da Marcha Zumbi dos Palmares.

Um repórter do *Correio Braziliense* teve acesso a relatórios da PM produzidos por cerca de 150 agentes mantidos na folha de pagamentos do governo distrital, dedicados à espionagem política. Como aquele que diz respeito ao curso de extensão promovido pelo MNU, "Racismo e desigualdades raciais":

> Os principais temas contidos nas notas de aula versam sobre sociologia, antropologia e política, que procuram dispertar [sic] nos alunos interesse quanto à questão social que antes era pouco difundida na classe estudantil [...]. O curso está dividido desde o período colonial até os dias de hoje, onde o professor Edson Cardoso tenta persuadir os alunos a debaterem a radicalização no país quanto à discriminação racial.

Depois do curso e antes da marcha, Edson teve a casa invadida, armários e estantes revirados e esvaziados.[1] O que buscavam, não se sabe. Mas era evidente que não se tratava de um crime comum. Seria possível inferir, então, que existam registros, no mesmo grau de detalhes, da atuação do movimento negro nos anos democráticos?

Da Marcha Zumbi dos Palmares contra o Racismo, pela Cidadania e pela Vida, em 20 de novembro de 1995, participaram pessoas de vinte estados brasileiros. As atividades começaram às dez da manhã e terminaram depois das nove da noite. Muita gente viajou de ônibus por três ou quatro dias. Uma delegação chegou às sete da noite, ao final do ato, mas feliz por marcar presença naquele momento de articulação política do movimento negro. Os resultados da marcha foram essenciais na formulação das políticas públicas posteriores.

Uma sessão solene do Congresso homenageou negras e negros e pautou três reivindicações: a reescrita da história da liberdade negra; a titulação de terras a remanescente de quilombos; a indenização de descendentes de pessoas escravizadas. Ao final da sessão, a Coordenação Executiva da Marcha foi recebida pelo então presidente Fernando Henrique Cardoso para a entrega do Programa de Superação do Racismo e da Desigualdade Racial e a assinatura de um decreto presidencial instituindo um Grupo de Trabalho Interministerial (GTI) com a finalidade de desenvolver políticas para a valorização da população negra.

O documento apresentava um diagnóstico da desigualdade racial e as reivindicações estavam divididas em tópicos: educação, saúde, trabalho, religião, terra, violência, comunicação, informação e cultura. O GTI foi composto por representantes do governo e oito militantes do movimento negro.

Sueli Carneiro reconhece que FHC foi coerente com sua preocupação acadêmica com o negro, ao menos no plano simbólico. Foi o primeiro presidente na história a declarar em seu discurso de posse a existência de um problema racial no Brasil e a necessidade de enfrentá-lo com audácia política. No GTI, iniciativa de seu governo, foi elaborada, em 1996, uma noção de ação afirmativa essencial a construções posteriores.

> Ações afirmativas são medidas especiais e temporárias, tomadas pelo Estado e/ou pela iniciativa privada, espontânea ou compulsoriamente, com o objetivo de eliminar desigualdades historicamente acumuladas, garantindo a igualdade de oportunidade e tratamento, bem como de compensar perdas provocadas pela discriminação e marginalização, por motivos raciais, étnicos, religiosos, de gênero e outros.[2]

Também em 1996, FHC lançou o Programa Nacional de Direitos Humanos, pelo decreto nº 1 904/96, formalmente reconhecendo os direitos humanos de "mulheres, negros, homossexuais, populações indígenas, idosos, deficientes físicos, refugiados, indivíduos infectados pelo HIV, crianças e adolescentes, policiais, prisioneiros, ricos e pobres".

Entre as propostas para combater desigualdades raciais, constavam, como medidas de curto prazo: apoio a grupos de trabalho e a criação de conselhos; inclusão do quesito cor em todos e quaisquer sistemas de informação e registro sobre a população negra e bancos de dados públicos; estímulo à presença dos grupos étnicos que compõem a população brasileira em propagandas institucionais do governo federal; apoio às ações da iniciativa privada que realizassem ações afirmativas, nomeadas como "discriminação positiva".

A médio e longo prazo, havia o compromisso de formular políticas compensatórias para promover a comunidade negra social e economicamente; alterar o conteúdo de livros didáticos e ampliar o acesso de entidades negras aos diferentes setores do governo. Portanto, havia espaço no programa para a possibilidade de se instituírem ações afirmativas no ensino superior. A reação na imprensa foi enorme, com muitas acusações de "racismo às avessas" e uma defesa da igualdade jamais vista no Brasil. A marcha em si foi totalmente ignorada pelos veículos de comunicação. A Coordenação Executiva, muito orientada pelas preocupações de Edson Cardoso com os registros e a memória, editou um videodocumentário de catorze minutos sobre a ação. E, em 1996, guiado pelas mesmas inquietações, Edson criou um informativo: o *Ìrohìn*, que significa notícia, em iorubá. Se a grande imprensa buscava apagar as ações do movimento negro, um veículo negro existiria para propagá-las. Sueli Carneiro foi uma das que assinaram o primeiro editorial, ao lado do próprio Edson Cardoso, do MNU-DF; Cida Bento e Hédio Santos, do Ceert-SP; Ivanir dos Santos, do Ceap, e João Nogueira, do Núcleo de Estudos Negros, de Santa Catarina.

Em 2002, no texto "Movimento Negro no Brasil: novos e velhos desafios", Sueli Carneiro faz uma autocrítica: "Na Marcha de 95, construímos um documento de consenso que contém um Programa de Superação do Racismo e da Desigualdade Racial. No entanto, não assumimos coletivamente nenhuma responsabilidade de monitoramento da implementação ou não daquele Programa".

Mesmo que o movimento negro se autoafirme como agente civilizatório dessa sociedade — ao denunciar a farsa da democracia racial; construir massa crítica sobre educação, saúde, direito, gênero, direito à terra; redefinir e aprofundar as noções de democracia, cidadania e direitos humanos —, para que ele possa de fato disputar poder real, é preciso consolidar uma organização que demonstre força política e capacidade de colocar em risco a governabilidade.

50. "Entre a esquerda e a direita, sei que continuo preta"

Em fevereiro de 2000, em entrevista à revista *Caros Amigos*, Sueli Carneiro disse: "Entre a esquerda e a direita, sei que continuo preta". Foi uma "licença por ética", como ouviu certa vez do poeta Arnaldo Xavier. "É a mais pura verdade, mas ninguém perdoou. Só que sempre que os pretos se encrencam nos partidos, eles lembram da frase."

Não se trata de igualar esquerda e direita. A frase, dita a uma revista declaradamente de esquerda, é um alerta: não estamos aqui para dar cheque em branco para a esquerda. E ela foi proferida em resposta à pergunta sobre a representabilidade de Celso Pitta — ele representaria ou não o movimento negro? Era evidente que não, ele era um negro de direita, comprometido com forças reacionárias e a defesa dessas forças. Mas, na campanha eleitoral em que ele se tornou prefeito de São Paulo, sua adversária, Luiza Erundina, do PT, disse que quem representava o movimento negro era ela, e que o adversário era um negro de alma branca, um negro safado. Com todo o respeito e a admiração que tenho por Erundina, ela também não representava o movimento negro.

"Não aceito que se agrida um negro, seja ele de direita, de esquerda, de centro, e mais: os negros já passaram do tempo de ser tutelados, mesmo por boas almas de esquerda", disse Sueli na ocasião. "Foi lamentável naquela eleição, como é lamentável ainda hoje, que a direita se antecipasse ao crescimento da consciência negra e nos apresentasse um candidato negro a prefeito, enquanto a esquerda continuava oferecendo espelhinho", explica Sueli na entrevista. E depois da famosa frase, segue:

> Porque a direita tem um claro projeto de exclusão para nós e a esquerda [não] tem um projeto de inclusão paritária para nós [*por algum ato falho a edição da revista suprimiu o não*]. Não somos apenas estômagos vazios à espera das cestas básicas da solidariedade. Queremos participar dos processos decisórios.

Em diversas ocasiões Sueli repetiu que a direita sempre explicitou que exterminaria negras e negros ou nos tornaria subalternos, e ela tem sido coerente nisso há quinhentos anos. Já a esquerda joga com os véus da utopia, da igualdade, da justiça, da paridade e, na prática, segue com as cúpulas brancas e masculinas. "Somos muito gratos à bravura e solidariedade do exército cubano em guerras de independência na África, mas eu mesma fui discriminada em Cuba. E os soldados russos que, combatendo ao lado dos guineenses, se recusavam a dormir nos mesmos alojamentos dos pretos?" A luta de classes, por si só, não dá conta de resolver a ideologia racista.

Mesmo antes da frase polêmica, para a direita, Sueli era de esquerda demais, e, para a esquerda, ela era de direita. Ela parou de se importar com isso. Mas nunca se conformou com a relação de cabresto em que ficam determinadas pessoas negras, domesticadas dentro dos partidos de esquerda.

A frase, apesar de contundente, não foi o ponto mais interessante da entrevista. Em um dado momento, Sueli Carneiro comparou o racismo perverso brasileiro com a segregação racial dos Estados Unidos e o apartheid na África do Sul. A igualdade formal teria aprofundado a visão de inferioridade natural dos negros — afinal, se existe uma situação de suposta igualdade legal e os negros são desgraçados, miseráveis, pobres, analfabetos, se vivem pior, eles devem isso a suas próprias características.

E isso denuncia o desprezo absoluto que a sociedade brasileira tem pelo negro. O negro não chega a ser objeto de ódio nessa sociedade, é apenas objeto de desprezo. Ainda não chegamos nesse patamar de desenvolver uma força poderosa como a provocada pelo ódio, e que causaria um confronto entre negros e brancos. A possibilidade nem chegou a existir entre nós; foi sufocada por essa engenharia da igualdade no plano legal, e a exclusão absoluta no plano das relações concretas, acobertada pelo mito da democracia racial. E, desse ponto de vista, porque ela foi uma estratégia vitoriosa no sentido de tirar a questão racial do plano político, é um tema absolutamente despolitizado.

Era início dos anos 2000. Apesar do diagnóstico, Sueli já percebia a sinalização de algo novo que viria a partir do aumento da consciência negra e da politização do racismo.

A violência de sequestrar 10 milhões de pessoas e escravizá-las por quase quatrocentos anos, depois seguir submetendo-as à violência racial, não ficaria silenciada para sempre, em um racismo cordial.

O aumento da tensão racial é inevitável à medida que a consciência racial avançar no país, pois a relação entre negros e brancos é uma relação violenta, historicamente de expropriação, de desumanização, e por isso profundamente brutal. Se os negros ainda não conseguiram se organizar o suficiente para dar uma resposta política para isso, precisam continuar caminhando nesse sentido. Nenhum povo foi oprimido indefinidamente.

Sueli intuía que os segmentos negros do país estavam buscando equacionar o problema racial em uma perspectiva pacifista, mas se a sociedade não respondesse, seria difícil impedir outras formas de luta. Questão de legítima defesa. E a resposta social nos últimos anos tem sido o ódio crescente a negras, negros e movimentos organizados. A cada dia fica mais evidente. O confronto duro está se aproximando e vai pegar a juventude de hoje.

Se não contivermos o fascismo, será uma carnificina. A classe média, como bem disse Milton Santos, renunciou a direitos por privilégios. E para manter seus privilégios faz pactos com quem está acima e também com o fascismo. Como se precisassem nos conter para garantir o lugar que ocupam.

Os meses que antecederam o aniversário de cinquenta anos de Sueli foram de grande expectativa. Em uma viagem ao Chile, depois de comer e beber com companheiras do movimento de mulheres negras, ela fez uma cena na porta do quarto de hotel. Lúcia Xavier, da Criola, que estava com ela, conta que a amiga lhe disse que morreria logo e pôs-se a lhe dar inúmeras recomendações. Lúcia ficou sem saber se ria ou se chorava: Sueli, que já tinha sido desenganada antes dos dois anos de idade, vivia repetindo para a família e os amigos que não chegaria aos cinquenta.

E para celebrar sua sobrevivência à passagem daquele, em sua imaginação, extraordinário limiar entre a vida e a morte, a aniversariante se empenhou em dar uma festa de arromba. Alugou um salão e chamou o DJ Slick, que participara do projeto Rappers e fazia uma noite de música black como ninguém. Veio muita gente de fora de São Paulo, como Luiza Bairros, que chegou de Salvador dando bronca: "Só vim para saber como uma pessoa tem a coragem de declarar para o mundo que está fazendo cinquenta anos. Que leviandade". Na relação das duas, isso era um parabéns.

Sônia Nascimento também achava que não tinha nada a ver esse negócio de contar a idade: "Somos amigas da mesma geração. Se você ficar espalhando que tem cinquenta anos, as pessoas vão achar que eu também tenho". Certa vez Sônia passou mal e precisou ir ao hospital. Nilza Iraci, que a acompanhava, conta que a amiga não queria entregar o RG para que não soubessem em que ano ela nasceu.

Companheiras e companheiros de décadas, militantes de diferentes gerações dançaram e beberam a noite toda.

51. Durban

Uma aura cerca a III Conferência Mundial contra o Racismo, Discriminação Racial, Xenofobia e Intolerâncias Correlatas, ocorrida em 2001. Quem participou de seu longo e intenso processo de preparação, e sobretudo quem esteve na África do Sul, fala da Conferência de Durban, como ficou conhecida, como um marco grandioso. Ainda em 1999, em um encontro promovido por Benedita da Silva, no Rio de Janeiro, Nilza Iraci convidou um grupo de mulheres para almoçar e comunicou que estava sendo planejada uma conferência mundial contra o racismo. "A exemplo do que aconteceu em Beijing, esta pode ser uma oportunidade de alavancar agendas do antirracismo", ela disse. As representantes do Geledés, da Criola e da Maria Mulher, entidade do Rio Grande do Sul, criaram a Coordenação da Articulação de Organizações de Mulheres Negras Brasileiras Pró-Durban, composta por treze organizações.

Em dezembro de 2000, houve uma reunião preparatória das Américas, na qual se convocou uma Conferência Cidadã. Com sua capacidade estratégica e contatos pela América Latina, Sueli Carneiro teve um papel fundamental para que fosse criada no período da conferência a Alianza Estratégica Afro-Latino-Americana y Caribenha Pró III Conferencia Mundial del Racismo.

No artigo "A batalha de Durban", publicado em janeiro de 2002 na revista *Estudos Feministas*, Sueli Carneiro analisa as articulações nacionais e internacionais que possibilitaram às mulheres negras brasileiras dar um show na conferência. A mesma edição da revista traz o também clássico "Brasil-Durban-Brasil: um marco na luta contra o racismo", de Nilma Bentes, do Centro de Estudos e Defesa do Negro do Pará (Cedenpa), uma reportagem que fala da expectativa de negras e negros brasileiros não só em relação à conferência, mas a pisar o continente de onde foram sequestrados seus ancestrais.[1]

No início do ano 2000, Luiza Bairros propôs a criação de um Comitê Impulsor Pró-Conferência de Durban — formado por lideranças de movimentos negros e sindicais e coordenado por Edson Cardoso —, que preparou um documento denunciando o Estado brasileiro de violar disposições acordadas na convenção anterior sobre eliminação de discriminação racial. Sueli Carneiro entregou o documento[2] a Mary Robinson, alta comissária das Nações Unidas, solicitando que ela recomendasse ao governo brasileiro sediar a Conferência Regional das Américas, preparatória à Conferência de Durban.

Mesmo com a recomendação da alta comissária, o Brasil não sediou a conferência regional, que aconteceu no Chile. A decisão foi comunicada na primeira reunião preparatória em Genebra, na Suíça, onde Sueli Carneiro promoveu uma reunião entre entidades do movimento negro e representantes de entidades não negras que tinham experiência em lidar com as siglas e protocolos do sistema ONU. De forma direta, buscou comprometer as entidades não negras a apoiarem o movimento negro: "Qual o papel de vocês? O que vão fazer? Não existe antirracismo sem os brancos", dizia já naquela época, gerando incômodo em quem não compreendia a importância daquele chamado. Mas logo ficou evidente como o apoio costurado naquela ocasião era essencial para a leitura das movimentações geopolíticas e possibilidades de atuação na conferência.

Na conferência regional de Santiago, a ONU reconheceu os afrodescendentes como vítimas do racismo. À diferença dos outros países latino-americanos, o emprego do termo "afrodescendente" para designar descendentes da diáspora africana, com o qual Sueli sempre concordou, não foi adotado no Brasil, onde tanto o governo quanto a sociedade civil utilizam o termo "negro".

Além do Seminário Intergovernamental de Genebra e da Pré-Conferência das Américas, em Santiago, ocorreram pré-conferências regionais ao longo do ano 2000, e, em julho de 2001, no Rio de Janeiro, a I Conferência Nacional contra o Racismo e a Intolerância. A multiplicidade de fóruns foi crucial para o aprofundamento de pautas estratégicas e o treino de ativistas, que chegaram em boa forma à África do Sul.

O governo FHC também criou para o evento um comitê preparatório, que elaborou o documento que o Estado brasileiro levaria à conferência, propondo a adoção de cotas ou outras medidas afirmativas para garantir o acesso de negras e negros às universidades públicas. Outra pauta era o reconhecimento que a escravidão de africanos e indígenas, o tráfico transatlântico e a marginalização de seus descendentes violavam os direitos humanos fundamentais.

O documento, aprovado por consenso, constituía um importante instrumento de pressão para estruturar medidas reparatórias por meio de políticas públicas de superação da desigualdade. E se o próprio governo brasileiro o apresentava à conferência, era alta a probabilidade de que as medidas se concretizassem por aqui depois do evento.

Entre 31 de agosto e 8 de setembro de 2001, mais de 18 mil pessoas de 170 países participaram da Conferência Mundial de Durban, dentre representantes da sociedade civil, dos governos, da ONU, jornalistas, trabalhadoras e trabalhadores. O Brasil tinha a maior delegação, com cerca de trezentas pessoas, entre elas a relatora-geral da conferência, Edna Roland. A equipe do Geledés estava completa: Sueli Carneiro, Sônia Nascimento, Nilza Iraci, Maria Sylvia Oliveira, Rodnei Jericó, Cidinha da Silva, Erica Pereira. Foram estratégicas as presenças de Benedita da Silva, Wania Sant'anna, Hélio Santos, Mãe Stella de Oxóssi, Antonio Pitanga. Além de inúmeras lideranças indígenas.

Na cerimônia de abertura, Kofi Annan, então secretário-geral da ONU, prêmio Nobel da Paz dali a um mês, reproduziu o slogan da luta antiapartheid nas eleições de 1994 da África do Sul: *"Sekuyisikhathi!"* — em zulu, "chegou a hora!". Manifestações de rua aconteceram ao longo da semana, mesas paralelas à conferência oficial contaram com Winnie Mandela, Angela Davis, Fidel Castro.

Debatiam-se questões étnicas, raciais, culturais e religiosas, e os problemas delas decorrentes, como racismo, discriminação racial, xenofobia, exclusão e marginalização social, todos com potencial de polarizar o mundo. Surgiram oposições entre Norte e Sul, Ocidente e não Ocidente, brancos e não brancos, e as contradições internas da maioria dos países. Se a conferência caminhasse no sentido de condenar o colonialismo e suas consequências, alguns países europeus deixaram explícito que a abandonariam. Tema especialmente difícil era o reconhecimento do tráfico transatlântico como crime de lesa-humanidade, pois poderia dar suporte a exigências de reparação, por parte de africanos e afrodescendentes, contra os países que se beneficiaram do tráfico, da escravidão e da exploração colonial africana.

O clima era tenso. O Paquistão, forte aliado do Brasil nas cobranças por reparação, não apoiava as reivindicações por equidade de gênero. Acusado de práticas racistas e colonialistas contra o povo palestino, Israel abandonou a conferência, seguido pelos Estados Unidos.

As conquistas da Conferência Regional das Américas foram ratificadas, com a incorporação de parágrafos inteiros, e o termo afrodescendente foi consagrado nas Nações Unidas para designar um grupo específico de vítimas de racismo e discriminação. A escravidão e o tráfico de escravos foram considerados crimes contra a humanidade. Do documento final consta a recomendação da inclusão no currículo escolar da história e da contribuição dos africanos e afrodescendentes. E que os Estados e os organismos internacionais assegurem o acesso de africanos e afrodescendentes — em particular mulheres e crianças, "tendo presente que o racismo os afeta mais profundamente, colocando-os em situação de maior marginalização e desvantagens" — à educação, ao desenvolvimento tecnológico e ao ensino a distância em comunidades locais:

> considerem positivamente a concentração de investimentos adicionais nos serviços de saúde, educação, saúde pública, energia elétrica, água potável e controle ambiental, bem como outras iniciativas de ações afirmativas ou de ações positivas, principalmente nas comunidades de origem africana.[3]

A agenda de Durban esteve muito além das propostas de cotas que polarizaram o debate da questão racial no Brasil nos anos subsequentes: a conferência afirmou a urgência de uma intervenção decisiva nas condições de vida das populações historicamente discriminadas. A adoção de cotas para o ensino universitário não basta. Como se lê no artigo "A batalha de Durban": "Precisa-se delas e de muito mais".

A relevância da III Conferência para a estruturação de políticas públicas no Brasil fica evidente nas inúmeras citações em documentos e programas do governo. Lideranças negras foram fortalecidas, especialmente as mulheres negras organizadas que construíram acordos com a representação governamental ao longo do tempo, para, mais que denúncias, levar a Durban propostas concretas de ação para o combate ao racismo. Além disso, causava extrema comoção tantas brasileiras e brasileiros conectados ao pisar o solo africano. Em 31 de agosto, dia de abertura da conferência, Sueli publicou no *Correio Braziliense* o artigo "Os retornados":

> Após quase quinhentos anos retornam como sobreviventes das trevas em que foram mergulhados pelo pesadelo colonial. Retornam como credores de uma dívida histórica que a história contada pelo agressor procurou fazer caducar. Retornam, de escravos a portadores de uma missão civilizatória, pelo que carregam, inscritos em suas almas e corpos, da barbárie que o simulacro de civilização foi capaz de praticar. Os condenados da terra retornam à terra-mãe. Durban, neste momento, é a porta de entrada de um reencontro coletivo esperado há cinco séculos. Na África do Sul está o símbolo da luta e opressão de todos os africanos e afrodescendentes [...]. Os retornados do Brasil apresentam as suas credencias de afrodescendentes ao líder sul-africano, tendo por porta-voz seu representante mais legítimo, Abdias do Nascimento, força e honra de nossa gente.

Comovidos, os retornados imprimiam e xerocavam o artigo, compartilhando as palavras impressas em meio a lágrimas e abraços.

52. Posse de Lula

Em 2002, Lula foi eleito presidente. Matilde Ribeiro foi convidada para fazer parte da equipe de transição de governo, o que foi motivo de comemoração. Uma mulher negra, comprometida com a luta antirracista, poderia ocupar uma função estratégica. Antes da posse, Sueli Carneiro telefonou para Matilde e perguntou se ela já tinha uma roupa adequada para a posse e um guarda-roupa de ministra. Matilde ainda não havia recebido o convite para assumir a recém-criada Seppir, Secretaria de Políticas de Promoção da Igualdade Racial, mas parecia evidente, olhando de fora, que a nomeação seria iminente.

A composição do governo foi uma sinalização forte a negras e negros. Matilde Ribeiro na equipe de transição, depois no comando da Seppir, com status de ministra; Benedita da Silva no Ministério da Assistência Social; Gilberto Gil na Cultura; Marina Silva no Meio Ambiente; Joaquim Barbosa indicado ministro do Supremo Tribunal Federal; Paulo Paim na primeira vice-presidência do Senado. Nenhum outro governo teve tantas pessoas negras em postos de primeiro escalão.

232

Em "Mulheres negras e poder: um ensaio sobre a ausência", de 2009, Sueli Carneiro escreveu sobre os processos posteriores que, em fevereiro de 2008, culminaram na saída de Matilde Ribeiro da SEPPIR. O erro administrativo da ministra que provocou suspeitas de uso indevido de dinheiro público alavancou seu pedido de demissão. O tratamento que o governo Lula deu ao caso e a cobertura da imprensa evidenciam o racismo:

> Houve racismo na associação entre a negritude da ministra e seus atos. Houve racismo no aproveitamento de uma falha política pessoal de uma gestora pública para desqualificação da pasta que ela dirigia. Houve racismo na utilização das supostas irregularidades cometidas para negar a existência do problema racial e da necessidade de que seu combate seja objeto de política.

No mesmo texto, Sueli Carneiro mostra como, em diferentes ocasiões, Benedita da Silva também foi alvo de manifestações racistas. Quando nomeada governadora do Rio de Janeiro, em 2002, as manchetes alardeavam o ineditismo de uma mulher negra ex-favelada ser governadora do Rio e reagiam à montagem da equipe com pérolas como "Priorização da escolha pela raça" e "Governadora coloca sete negros no primeiro escalão" — quando havia 32 secretários no total.

Logo no início do governo, Lula criou o Conselho de Desenvolvimento Econômico e Social (CDES), um colegiado de representantes da sociedade civil que daria assessoria direta ao presidente, qualificando a discussão de políticas públicas e a proposição de medidas para o crescimento econômico, o desenvolvimento e a equidade. Sueli Carneiro foi indicada ao CDES como representante da Articulação de ONGs de Mulheres Negras.

53. Do dispositivo de racialidade

Aos 49 anos, Sueli Carneiro retomou a pós-graduação. Foi estimulada por Roseli Fischmann, professora da Faculdade de Educação da USP, que havia coordenado uma pesquisa sobre discriminação racial a crianças e adolescentes em São Paulo, com participação do Geledés. Sueli percebeu que ingressar no mestrado era uma oportunidade de refletir sobre o que havia feito até aquele momento, de sistematizar a ação política, organizar o pensamento.

Fez o processo seletivo para o mestrado em filosofia da educação na Faculdade de Educação da Universidade de São Paulo. Só depois de aprovada descobriu que seguia matriculada no mestrado da FFLCH desde 1982: naquela época a regulamentação para o desligamento era outra, e o estudante podia continuar matriculado indefinidamente. Foi uma trabalheira lidar com a burocracia, mas acabou dando tudo certo e ela passou a ser orientada por Roseli Fischmann.

Sueli queria investigar a aplicação dos conceitos de dispositivo e de biopoder, de Michel Foucault, ao domínio das relações raciais. Queria descrever o mecanismo complexo do racismo, que faz um caminho para matar, outro para subjugar e assim organiza todo o saber, o poder, a produção de sujeitos hegemônicos e subalternos. Quase vinte anos antes, em 1984, ela havia esboçado a investigação naquele fluxograma entregue como trabalho final de uma disciplina de pós-graduação da FFLCH ao professor José Augusto Guilhon de Albuquerque. Naquela síntese esquemática das articulações entre saber, resistência e raça estava subsumida a ideia de um dispositivo de racialidade, mas não estava nomeada. Sua intenção era aprofundar numa dissertação de mestrado, e depois em outra de doutorado, aquilo que delineara nas poucas páginas do fluxograma. Trabalho para seis ou sete anos.

A intuição da mestranda lhe soprava que Foucault oferecia uma boa caixa de ferramentas[1] para compreender o racismo no Brasil em termos e formatos aceitáveis na Universidade. Partiria da ideia do biopoder para a compreensão da política de morte de negras e negros — o que ela chamaria de dispositivo de racialidade. Sueli não sabia que, na ocasião, o filósofo camaronês Achille Mbembe trabalhava parcialmente a mesma ideia, nomeada como necropolítica.[2]

Na introdução do trabalho, em que se permite um texto mais solto e autoral, Sueli brinca com a escolha, dirigindo-se a um suposto leitor:

> Para esse árduo trabalho para o qual te convido precisamos de ajuda. Então, convoquei Michel Foucault, sim, o francês. Sei que ele é um sujeito da tua confiança e goza também de minha simpatia. É um mediador razoavelmente confiável para as nossas possíveis contendas. Por ser um elemento de fronteira, ele conversa bem com todo mundo, seja um ser-aí, ou coisas-ente. Mas, embora simpático, ele é um tipo rigoroso e exige regras para essa arbitragem, para que nosso debate não seja improdutivo ou para evitar que ele

fique à mercê de nossas paixões, embora o seu racionalismo mantenha as tuas sob controle, nunca se sabe, estes assuntos dos quais vamos tratar costumam fazer irromper forças irracionais, naturais para mim, mas que podem te surpreender.

Foucault também a ajudava a prescindir de um monte de bibliografia para ela sem interesse. Como ele é um filósofo que não se harmoniza facilmente com outros, Sueli poderia ir direto ao dispositivo e especular com Foucault, na forma mais pura de filosofar, utilizando pontualmente autoras e autores que de fato fizessem sentido para sua argumentação.

No exame de qualificação, pouco mais de dois anos depois do início da investigação, a banca composta pela orientadora e Kabengele Munanga definiu que aquela era uma tese de doutorado, não uma dissertação de mestrado. Sueli, que contava com mais um ano para concluir aquela pesquisa e outros quatro para desenvolver um doutorado, precisava terminar o doutorado direto em um ano e meio.

O prazer e a tranquilidade que caracterizaram a pesquisa acadêmica até aquele momento deram lugar a uma ansiedade disciplinada: não fazer mais nada além de ler e escrever de forma obsessiva, com pausas curtas para as refeições. Arnaldo Xavier, amigo próximo de Sueli, ofereceu muito suporte emocional. Priscilla, sobrinha querida e secretária naquele período, foi essencial para blindá-la de tudo o que não era urgente e garantir o teto todo seu.

Priscilla foi secretária de Sueli entre 2000 e 2010. De início, combinaram três meses de experiência, para ver se uma se adaptaria à outra. A garota, então com 22 anos, começou por catalogar as notícias e reportagens com as quais Sueli havia contribuído e foi assumindo cada vez mais responsabilidade até ter total domínio da agenda, inclusive de sua vida financeira. Conversavam pelo olhar. A parceria funcionou tão bem que, depois de dez anos com a sobrinha cuidando de tudo, Sueli nunca mais teve outra secretária.

Concentrada, Sueli organizou a tese em três partes. Na primeira, "Poder, saber e subjetivação", ela especula sobre o referencial teórico apresentado. No período pós-abolição haveria se configurado no Brasil um dispositivo de racialidade encarregado de estabelecer a nova configuração social do projeto de modernização, favorecido pelas representações produzidas sobre o negro antes e durante o período colonial.

E então mobilizou a teoria do contrato social, central para a ciência política, para tratar de temas estratégicos para a humanidade, mas totalmente ausentes da filosofia política: racismo, colonialismo, território, identidade. Com a noção de contrato racial emprestada do afro-jamaicano Charles Mills, ela mostra como o dispositivo de racialidade se constitui, antes de tudo, de um contrato entre brancos, fundado na cumplicidade em relação à subordinação social e na eliminação de negros e não brancos. Então, do interior da unidade analítica conformada pelo dispositivo de racialidade e biopoder, ela destaca o epistemicídio. A partir de Boaventura de Sousa Santos e bell hooks, Sueli demonstra as estratégias de inferiorização intelectual do negro e sua anulação como sujeito de conhecimento, ao se consolidar a supremacia intelectual da racialidade branca.

A segunda parte, "Das resistências", foi a mais difícil de resolver. A intenção era apresentar pessoas que sintetizassem a articulação de trajetórias individuais de mobilidade e sucesso com a condição de sujeitos coletivos de uma luta por emancipação. Na trajetória de cada sujeito estaria a busca de superação dos mecanismos do dispositivo de racialidade negro e o que cada uma delas sinalizava como tática de resistência.

Edson Cardoso, Sônia Maria Pereira Nascimento, Fátima Oliveira e Arnaldo Xavier. Dois homens e duas mulheres, dois negros de pele clara e dois de pele escura, pessoas que encarnaram a memória ancestral, o processo tortuoso de construção da identidade, os enfrentamentos com o racismo e a discriminação, a tomada de consciência individual e a dimensão política e coletiva desse processo, a construção da crítica e da autonomia. Mas como trazê-los à tese? Sueli jamais poderia tratá-los como objetos. Era imenso o desafio de trabalhar com depoimentos sem reproduzir posicionamentos metodológicos que, voluntária ou involuntariamente, transformam intelectuais negros insurgentes em mera fonte primária de pesquisa, abandonando ou mesmo rejeitando seu estatuto de autoridades do saber sobre si mesmos. Como escreveu na tese:

> Trata-se também, aqui, da estrita observância de um princípio foucaultiano tal como ele é atribuído a Foucault por Deleuze no âmbito do livro *Microfísica do poder*. Deleuze considera que Foucault foi: "o primeiro a nos ensinar — tanto em seus livros quanto no domínio da prática — algo de fundamental: a indignidade de falar pelos outros".

A solução encontrada foi transformar cada um deles em um capítulo, elevando os depoimentos a testemunhos. Márcio Seligmann-Silva é um professor da Unicamp que elabora a noção de testemunho como possibilidade de desafio à linguagem e apresentação da unicidade radical das tragédias e catástrofes. Se ele trata da unicidade da Shoah, do holocausto, Sueli se detém sobre a unicidade radical da escravização negra e do racismo. Os sobreviventes são porta-vozes, e essa foi a justificativa metodológica para os testemunhos. Nessa abordagem teórica, é possível tratá-los, com o devido respeito e reconhecimento, como portadores da autoridade da fala sobre as relações raciais.

Edson Cardoso, militante histórico do movimento negro,

238

dedicado à agitação e à propaganda, como gosta de dizer, sempre atuou na articulação política, na formação e circulação de informação. Foi membro do MNU, assessor parlamentar no Congresso e esteve à frente da organização da Marcha Zumbi dos Palmares, pela Cidadania e pela Vida de 1995, e da articulação que criou o Comitê Impulsor para Durban. Era mestre em comunicação social e ainda não havia ingressado no doutorado em educação na USP, que defenderia em 2014.

Sônia Maria Pereira Nascimento, advogada especialista em direito de família, direitos humanos e de mulheres, foi presidenta do Geledés por dois mandatos, depois coordenadora executiva, responsável pelo programa PLPs (Promotoras Legais Populares) e, naquele momento, pelo atendimento de mulheres vítimas de violência.

Fátima Oliveira era médica, militante feminista e antirracista, autora especialista nas áreas de direitos reprodutivos e da saúde da população negra. Pioneira nos estudos de genética e bioética de uma perspectiva feminista e antirracista, morreu em 2017 em decorrência de um câncer.

Arnaldo Xavier, poeta, publicou inúmeros poemas, em português, francês e alemão, além de peças de teatro. Seu testemunho entrou na tese in memoriam.

Por mais de dez anos, a terceira parte, "Do epistemicídio", parece ter sido a mais bem compreendida de toda a tese e também a mais citada. Vez ou outra Sueli tinha notícia de que alguma disciplina ou grupo de pesquisa estava utilizando a tese, e era batata: as citações mais frequentes se referiam ao epistemicídio. Ela conviveu por anos com a impressão de que precisaria reescrever a tese para que as pessoas compreendessem as relações mais complexas nela propostas.

Nos últimos tempos, porém, muitas pessoas pareceram se apropriar da tese como um todo. Talvez a campanha para as eleições presidenciais de 2018 e ações de governo explicitamente racistas tenham dado materialidade ao que parecia muito especulativo ou distante. Se antes Sueli tivesse notícia de apenas uma disciplina de pós na UNB utilizando a tese, de repente havia outras na USP, UFRJ, Federal de Goiás, Alagoas e Rio Grande do Sul. Além de curso de extensão em universidade, grupos de leitura dentro e fora da academia, círculos ativistas.

54. Arnaldo Xavier

O poeta foi "um irmão, amigo de fé, camarada", como ela se refere a ele, por mais de três décadas. Sueli e ele eram bravos, intransigentes e exigentes. Paraibano, Arnaldo costumava dizer que carinho de jumento são os coices — e nada descreveria melhor a relação dos dois. Era o tipo de interlocutor que jamais dava mole ou passava a mão na cabeça. Ofereceu-se como *sparring* intelectual da amiga na elaboração da tese — "sabia tudo de Foucault sem nunca tê-lo lido". Seis meses antes de Sueli concluir seu trabalho, o coração de Arnaldo parou.

Arnaldo estava passando uma temporada na casa da Gioconda. Andava doente, com problema de pâncreas, o coração cansado, de uma pessoa muito mais velha. Compulsivo, estava sempre produzindo. Escrevendo, escrevendo, escrevendo, lendo, lendo, lendo, escrevendo, escrevendo, escrevendo, lendo, lendo, lendo. Numa segunda-feira de manhã, Teca, faxineira de Arnaldo, ligou para Sueli para anunciar sua morte. Era a segunda vez que Sueli sentia a dor de perder um grande amigo.

Um de seus versos, que acompanha Sueli, explicita seu projeto poético de libertar a poesia negra da escravidão: "todas as canções serão refeitas no dia em que não mais se combater o inimigo a que se pertence". Abriga a dialética do senhor e do escravo, ou melhor, a "diaxética", como costumava dizer o poeta com axé.

Arnaldo Xavier via com refinado desdém aquilo que Sueli Carneiro comemorava como pequenas conquistas do movimento negro. Era um escritor muito orgulhoso, o maior poeta preto do Brasil. Odiado por muita gente. Depois da morte do amigo, Sueli achou que não conseguiria terminar a tese. E diz só ter terminado para dedicá-la a ele. A defesa foi um momento muito emocionante. Edson, Sônia e Fátima presentes. Só tinha preto na sala. A única branca era a orientadora.

55. Na Noruega, *koselig*

Em 2009, a convite do ator Hilton Cobra, Sueli fez uma apresentação no III Fórum Nacional de Performance Negra. Leu o texto "Política cultural e cultura política: contradições e/ou complementaridades?",[1] avisando logo de cara, com humor, que não daria conta do título pomposo, atribuído por outra pessoa. Mas que compartilharia suas inquietações.

E esses questionamentos vêm desde lá de casa. Sou mãe de uma mulher negra que entendeu ser a cultura negra, particularmente, na expressão da dança, a forma por excelência de sua manifestação política e de afirmação racial e pessoal. Em muitos momentos, ela me inquiriu acerca dessa minha negritude que prescindia do jongo, do maculelê, do maracatu e de tantas outras manifestações culturais negras das quais eu sempre estive distante. Aliás, sou mãe de bailarina negra sem nunca ter sido capaz de dançar razoavelmente qualquer coisa.

Luanda, aos dezenove anos, passou a fazer parte do Grupo Cachuera!, dedicado a música e danças tradicionais afro-brasileiras do Sudeste, idealizado pelo etnomusicólogo Paulo Dias.

Na Pontifícia Universidade Católica de São Paulo, PUC, estudou Comunicação das Artes do Corpo. Luanda é artista. Algumas vezes Sueli tem dificuldade em entender as questões subjetivas da filha. "Você não estudou filosofia? Então entra na viagem!", Luanda rebate.

Desde criança, Luanda ouve que só tem um compromisso com a mãe: ser feliz. Sempre foi orientada a fazer escolhas que não restringissem sua liberdade. Afinal, o sentido maior do humano, para Sueli, é ser livre.

Em 2003, em São Paulo, Luanda conheceu um rapaz norueguês em um vernissage. Apaixonaram-se. Åsmund Kaupang voltou para a Noruega, e os dois seguiram namorando entre os dois países até decidirem se casar. Luanda então mudou para a Noruega. A partir daí, além de continuar seu trabalho artístico, estudou educação somática em Amsterdam, trabalhou como educadora infantil e atualmente faz mestrado em performance na Norwegian Theatre Academy.

Luanda ainda integrava o Grupo Cachuera! quando iniciou suas pesquisas sobre corpos negros, memória e ancestralidade. Em 2009, Melita Matsinhe, uma pianista moçambicana, propôs a Luanda que fizessem algo juntas para a Afrikan History Week, uma semana de programação artística e cultura africana e afrodiaspórica realizada anualmente em Oslo. Decidiram explorar suas experiências afrodiaspóricas, investigando simbologias da travessia e do mar.

Buscavam textos de referência quando Luanda lembrou: "Minha mãe escreve". Até aquele momento ela só havia atentado para o caráter político e acadêmico dos textos de Sueli. Ao revisitar a introdução da tese de doutorado da mãe, Luanda percebeu seu tom poético e sugeriu à amiga usar aquele texto como base da performance que nomearam como *Travessia*. Mesmo em português, língua desconhecida do público, o tom e as memórias da travessia foram comunicados.

Falarei do lugar da escrava. Do lugar dos excluídos da res(pública). Daqueles que na condição de não cidadãos estavam destituídos do direito à educação [...]

Dirijo-me a ti Eu hegemônico, falando do lugar do "paradigma do Outro", consciente de que é nele que estou inscrita e que "graças" a ele em relação a mim expectativas se criaram, que mesmo tentando negá-las, elas podem se realizar posto que me encontro condicionada por uma "unidade histórica e pedagogicamente anterior" da qual eu seria uma aplicação.

Uma aplicação histórica cuja consciência se renova permanentemente pela memória d'alma da escravidão herdada de minha ancestralidade e, antes dela, das representações negativas que estiveram desde longe associadas ao meu corpo negro. Uma aplicação histórica também, da modernidade ocidental que dissecou cientificamente minha inferioridade natural que constitui hoje o espetáculo de indigência humana que exibo ao mundo.[2]

O trabalho *Travessia* se desdobrou na performance *Kalunga Unspoken*, em que o texto de Sueli é interpretado pelo corpo de Luanda, vestindo uma das saias que a mãe usava no candomblé, e por meio de vídeo e instalação.

Sueli Carneiro costuma visitar a filha na Noruega. Algumas vezes, consegue passar três meses com ela, durante o inverno. No verão quem vai é Maurice, que não suporta o frio. Para Sueli, a neve é um atrativo.

Depois de oito anos de casamento, Luanda e Åsmund se separaram. Continuam amigos e são parceiros. Åsmund tornou-se amigo de Sueli e sempre que se encontram engatam conversas que não terminam. "Ele é um menino muito inteligente, bem formado, com uma natureza filosófica que pensa e questiona o mundo", diz a ex-sogra.

A casa de Luanda é especialmente linda. Em um bairro central de Oslo, do exterior do edifício não se pode imaginar o jardim charmoso que ocupa o pátio interno. Luanda vive no térreo, com a porta da sala voltada para as plantas. Cores em harmonia com os objetos de diversas partes do mundo, um djembê que Sueli carregou no colo em um voo da África do Sul para o Brasil. Uma vitrola, o acervo de discos de Sueli e Maurice, incenso e velas. Em norueguês diriam que é um apartamento *koselig*, algo como aconchegante, que soa muito bem naquela língua.

Segundo a mãe, Luanda tem um bom gosto-sofisticado-alternativo-Vila Madalena que combina muito com o modo de vida norueguês. "Todo espaço, para eles, precisa ficar *koselig*, algo cultural que casou bem com a personalidade da taurina", diz Sueli.

Em Oslo, quem vai a um café, ao cair do dia recebe uma mantinha macia. Para onde se olhe, há um detalhe de cuidado, uma vela, um prato bonito, uma poltrona com design arrojado. *Koselig*.

56. A constitucionalidade das cotas raciais

A Universidade Estadual do Rio de Janeiro (Uerj) e a Universidade de Brasília (UnB) foram as primeiras a adotar o sistema de cotas raciais para o acesso ao ensino superior. Na Uerj, a instituição das cotas foi determinada pela lei nº 3078/2001, fruto da mobilização do movimento negro e do debate público acerca da Conferência de Durban. Na ocasião, o então presidente Fernando Henrique Cardoso apoiou publicamente o projeto, proposto pelo deputado José Amorim (PPB — Partido Progressista Brasileiro), enquanto o ex-ministro da Educação, Paulo Renato, se opôs. Depois da aprovação na Assembleia do Rio, em novembro de 2001, a lei de cotas foi assinada pelo governador à época, Garotinho, e a reserva de no mínimo 20% das vagas a estudantes negros foi implementada a partir de 2003.

O debate na UnB já acontecia desde a década de 1990, quando o Caso Ari mobilizou a universidade e o movimento negro. Vinte anos depois da implementação do programa de doutorado em antropologia daquela universidade, Arivaldo Lima Alves foi o primeiro estudante negro a ingressar. Foi também o primeiro aluno a ser reprovado em uma disciplina obrigatória. Foi então que o orientador de Arivaldo, José Jorge de Carvalho, esboçou uma primeira proposta de cotas raciais, embrião da política de cotas da UnB. Ariovaldo terminou o doutorado, passou em um concurso público e se tornou professor da Universidade Estadual da Bahia. Mas sua reprovação, durante os preparativos para a Conferência de Durban, permitiu que o debate se aprofundasse na UnB e ocupasse as páginas de jornais, pautando o debate público. Na UnB, as cotas foram instituídas no vestibular do segundo semestre de 2004, reservando 20% das vagas a estudantes negras e negros. A repercussão, tanto nos veículos de comunicação quanto nas universidades de todo o país, foi imensa.

Desde 1999 tramitava na Câmara Federal o projeto de lei nº 73/1999 (PL das Cotas), proposto por Nice Lobão (PFL/MA), e desde 2000 o projeto nº 3198/2000 (PL do Estatuto da Igualdade Racial), de autoria de Paulo Paim. Com políticas sendo efetivadas em universidade públicas e o debate público sobre cotas se acirrando, ambos ganharam importância na agenda política. Em 2002, Sueli Carneiro escreveu o texto "Ideologia tortuosa", para a revista *Caros Amigos*, em resposta ao artigo "Tortuosos caminhos", de César Benjamin, publicado na mesma revista, contrário às cotas raciais nas universidades.

No texto, Sueli Carneiro escancarou os argumentos de Benjamin, que ecoavam parte importante da intelectualidade branca: a negação da dimensão racial das desigualdades; os eufemismos utilizados para mascarar as desigualdades raciais; a intransigente recusa de encarar mecanismos redutores de desigualdades raciais; a defesa de propostas que postergam infinitamente o enfrentamento dessas desigualdades, do tipo "em vez de cotas, melhor seria garantir escola pública...". Em maio de 2006, 114 intelectuais, artistas e professores universitários divulgaram um manifesto contrário às cotas raciais, com repercussão em toda a imprensa nacional.

O argumento central era de que o movimento negro estaria inventando o conceito de raça, bloqueando caminhos para resolver a desigualdade e criando novas desigualdades. Na ginástica retórica para justificar o racismo, citavam até Martin Luther King. A branquitude se revelou quando viu ameaçada uma porcentagem do direito que ela mesma se outorgou. Hoje, muitas dessas pessoas mudaram de posição. Mas, naquele momento, o movimento negro respondeu com o Manifesto em Favor da Lei de Cotas e do Estatuto da Igualdade Racial, assinado por 330 intelectuais, ativistas e professores universitários, com mais sessenta assinaturas de apoio.

Diversos processos judiciais tentaram invalidar as medidas de ação afirmativa da UnB ao longo dos anos. Até que, em 2009, o Partido Democratas (DEM), nomenclatura assumida pelo PFL a partir de 2007 — partido da deputada que propôs a Lei de Cotas de 1999 — acionou o STF, com uma Arguição de Descumprimento de Preceito Fundamental (ADPF) 186. O objetivo era que as cotas raciais na UnB, de reserva de 20% das vagas de graduação a negras e negros, fossem consideradas inconstitucionais.

Audiências públicas sobre políticas de ação afirmativa de reserva de vagas no ensino superior foram realizadas de 3 a 5 de março de 2010, no STF, em Brasília. Entidades, movimentos, pesquisadores poderiam se inscrever para apresentar argumentos relativos às políticas de ação afirmativa no ensino superior. O ministro do STF Ricardo Lewandowski, relator da ação, escreveu no edital de convocação das audiências sobre a importância daqueles dias e de ouvir diferentes atores sociais, "uma vez que a interpretação a ser firmada por esta Corte poderá autorizar, ou não, o uso de critérios raciais nos programas de admissão das universidades brasileiras".

Foram recebidos 252 requerimentos de inscrição, e o Supremo selecionou 38 participantes que teriam quinze minutos cada um para uma intervenção oral. Além desses representantes e de ministros do STF, acompanhariam presencialmente as audiências militantes do movimento negro, representantes de órgãos públicos, entidades de direitos humanos, universidades.

Na defesa da constitucionalidade das cotas, a Educafro pediu a Fábio Konder Comparato que representasse a entidade; Marcos Antonio Cardoso representou a Coordenação Nacional de Entidades Negras (Conen) e Sueli Carneiro foi a representante do Geledés. No início de sua intervenção, Sueli Carneiro recorreu ao italiano Norberto Bobbio, argumentando sobre a necessidade de superar uma noção abstrata de igualdade, para assegurar a efetivação dos valores republicanos e democráticos a partir da noção de igualdade substantiva, princípio que coloca a necessidade de eliminar discriminações precedentes. Depois de citar o próprio Supremo e discursos de representantes do Estado Brasileiro, Sueli elencou os tópicos:

— se essa Corte entende que pode haver racismo mesmo não havendo raças,

— se essa Corte também entende que o racismo está assentado em convicções raciais, que "geram discriminação e preconceito segregacionista",

— se todas as evidências empíricas e estudos demonstram o confinamento dos negros nos patamares inferiores da sociedade e,

— se a inferioridade social não é inerente ao ser negro posto que raças biológicas não existem, então esta persistente subordinação social só pode ser fruto do racismo, que, como afirma a ementa do referido acórdão, repito, gera a discriminação e o preconceito segregacionista. Isto requer, portanto, medidas específicas fundadas na racialidade segregada para romper com os atuais padrões de apartação.[1]

Dois projetos de nação concorriam naquele momento e, explicitando tal disputa, Sueli Carneiro encerrou sua intervenção. O primeiro projeto estava ancorado no passado; o segundo vislumbrava um futuro em que cor de pele ou racialidade não fosse fator gerador de desigualdades.

E num esforço cívico de tamanha envergadura, as cotas para negros, mais do que uma conquista dos movimentos negros, são parte essencial da expressão da vontade política da sociedade brasileira para corrigir injustiças históricas e contemporâneas que permitem que talentos, capacidades, sonhos e aspirações sejam frustrados por processos de exclusões que comprometem o nosso processo civilizatório.[2]

Ao final da intervenção, Sueli Carneiro afirmou que o STF poderia ofertar à sociedade brasileira a segurança jurídica para a criação de um círculo virtuoso de mudanças, em contraposição ao círculo vicioso estabelecido pelas hierarquias instituídas com base em raça, cor e aparência.

Nos dias 25 e 26 de abril de 2012, quase dois anos depois das audiências públicas, o julgamento no STF aconteceu. Sueli esteve em Brasília, mas precisou correr para o aeroporto antes do veredicto, senão perderia seu voo. Estava para embarcar quando recebeu o telefonema de Luiza Bairros: "Puta que pariu, dez a zero, ganhamos essa porra".

As cotas raciais para ingresso nas universidades públicas são, sim, constitucionais.

57. Feminismo enegrecido

Em 2004, houve a I Conferência Nacional de Políticas para as Mulheres, em Brasília, por iniciativa da Secretaria Especial de Políticas para as Mulheres. Na primeira mesa do segundo dia do encontro, Dirce Veron, representante do Conselho Nacional das Mulheres Indígenas no CNDM, fez uma convocação:

> E eu gostaria aqui, até vou levantar, eu gostaria de pedir mesmo para as mulheres negras, não querendo deixar as mulheres brancas de lado, mas para as mulheres negras, nós somos as mais discriminadas nesse país, vamos fazer um pacto, vamos nos levantar e vamos nos juntar porque eu acho que só assim que verdadeiramente as políticas públicas para a mulher vão ter mudança nesse país.

Na plateia, Jurema Werneck virou-se para Sueli Carneiro e disse: "A gente precisa aceitar esse convite". Assim que o debate terminou, Sueli procurou Dirce, e elas combinaram um encontro privado entre negras e indígenas. Reunidas em uma sala, negras e indígenas escreveram o documento que inaugurou uma parceria política baseada na semelhança dos processos históricos que submeteram igualmente povos indígenas, africanos e seus descendentes. Mulheres brancas tentaram se aproximar, participar da reunião, mas foram convidadas a se retirar.

Em um plenário de mais de 2 mil mulheres, Jurema Werneck foi uma das que subiram no palco para ler o documento histórico:

Firmar o nosso parentesco através de uma aliança política na busca conjunta de superação das desigualdades econômicas, políticas, sociais e culturais e de poder; firmar uma aliança estratégica para a conquista da igualdade de oportunidades para mulheres índias e negras na sociedade brasileira; firmar uma aliança estratégica que dê visibilidade a índias e negras como sujeitos de direitos. Doravante índias e negras consideram-se parentes.

Durante a leitura, algumas mulheres brancas se aproximaram do palco dizendo que não podia ser daquela maneira. Ainda assim, naquela I Conferência, o apoio de diferentes organizações de mulheres ao manifesto de negras e indígenas sinalizou a disposição de trair o pacto racial excludente, construído pelo racismo, e recusar os privilégios decorrentes da discriminação e exclusão social de negras e indígenas.

No contexto de uma conferência para formular e implementar políticas, afirmou-se que raça e etnia são elementos produtores de modalidades específicas de opressão sobre as mulheres no Brasil. São, portanto, variáveis inegociáveis no recorte das políticas públicas para a promoção da igualdade de gênero e entre as mulheres.

Apesar dos caminhos abertos por esse evento, três anos depois, na II Conferência Nacional de Política para as Mulheres, em 2007, o debate racial se restringiu a um capítulo, quando as mulheres negras se reuniram para construir um eixo de enfrentamento do racismo, sexismo e lesbofobia, como indispensável para a promoção da igualdade de gênero e raça. Mulheres brancas participavam da reunião também, e então começou um burburinho, uma discussão que podia ameaçar a aprovação dessa premissa. Sueli Carneiro, que não estava naquele encontro, foi chamada pelas mulheres negras para ajudar na argumentação. Sem ter entendido bem o que acontecia, ela parou na porta, botou a mão na cintura e não disse palavra. A conversa voltou a fluir, e rapidamente o Eixo 9 foi aprovado como central do ii Plano Nacional de Políticas para Mulheres.

Depois de um longo e difícil aprendizado, de décadas, havia chegado o momento de negociar politicamente a partir dos diferentes interesses e perspectivas que atravessam o movimento de mulheres. E as mulheres negras eram protagonistas. Naquele encontro, construir uma agenda coletiva de reivindicações ao Estado brasileiro que contemplava as diferentes necessidades das diferentes mulheres era o ápice do trabalho iniciado quase trinta anos antes. Sueli Carneiro enegreceu o feminismo brasileiro.

Meses depois, participando de um evento ao lado de Abdias do Nascimento, Sueli lhe cochichou alguma coisa a respeito do Tribunal Bertha Lutz, de 1982, quando ela lhe prometera que as mulheres negras haveriam de chegar. Chorando, Abdias precisou explicar à mulher, Elisa Larkin, que a amiga não o havia ofendido e que ele não estava passando mal. Estava realizado.

Epílogo

Ao mobilizar tantas lembranças para que eu escrevesse este livro, Sueli Carneiro teve um sonho com seus pais. Eva e Horácio dançavam, envergonhados, no canto de uma sala. Os dois vestiam sobretudos elegantes e pesados. Horácio rodopiava Eva e de repente eles se beijavam. Estavam lindos. Pouco antes de 2009, d. Eva caiu de cama. Foi desligando, como se apagasse um neurônio por dia. Fazia mais de quarenta anos que tomava medicamentos fortes para prevenir as crises de epilepsia, controlar a pressão alta e tratar o glaucoma. A mulher que passara décadas muito segura e dona de si foi saindo do ar, parando de se comunicar, como se dissesse que não queria mais. Não queria conversar, interagir. Viver.

Nunca foi diagnosticada com demência ou Alzheimer. Mas o corpo foi perdendo destreza. Até que parou de vez. Em 18 de dezembro de 2011, o atestado de óbito registrou falência múltipla dos órgãos.

Luanda havia chegado ao Brasil uma semana antes. Ao notar a surpresa de Sueli com a coincidência, ela explicou: "Não, mãe, eu tinha pedido para ela me esperar". As duas tinham uma cumplicidade tal que não seria absurdo que a avó tivesse mesmo esperado pela neta. No aniversário de um ano da morte de d. Eva, Sueli estava em Oslo. Foi com Luanda a uma igreja católica, acenderam velas, depois foram às águas presentear Iemanjá. Com mais de sessenta anos, Sueli se sentiu órfã. Os Carneiro, que toda semana se encontravam na casa da matriarca, começaram a se ver com menos frequência. Até hoje o quilombo é uma festa. Os natais na casa da rua Gioconda seguem animados; nos aniversários e comemorações, o clã está sempre junto. Mas, como rotina, a casa ficou vazia. E Sueli não suportava ficar tanto tempo encerrada lá. Comprou um chalé em Atibaia, para onde fugia nos fins de semana para aproveitar a natureza.

Depois de burlar, por cerca de seis anos, a insistência da família para que se mudasse para um apartamento, um espaço menor e mais seguro, Sueli saiu da casa da Gioconda em 2017 e alugou um apartamento no mesmo bairro. Do 12º andar do edifício localizado no alto de uma colina, vê-se boa parte da cidade. Ela mobiliou e decorou o apartamento de dois dormitórios com um cuidado que nunca tinha tido, e diz estar brincando de casinha. Escolheu objetos, cores, materiais, texturas com atenção. Ficou bastante *koselig*.

Não tem sido fácil para ela perder as companheiras de luta. Luiza Bairros, em 2016. Fátima Oliveira, em 2017. Ambas amigas e cúmplices de Sueli, que sabia que podia contar com uma ou outra. Sueli visitou Luiza em Porto Alegre poucos dias antes de sua morte, resultado de um câncer de pulmão. Quase ninguém estava a par do agravamento da doença, Luiza não queria a presença de ninguém, mas Sueli podia ir. Voltou para São Paulo e pouco depois pegava outro voo com destino a Porto Alegre, para acompanhar o velório e o enterro da amiga. História parecida ocorreu com Fátima Oliveira: Sueli foi a Belo Horizonte se despedir da amiga um dia antes de sua morte.

As ausências abalaram Sueli, que sem elas é ainda mais requisitada — o que não é simples para uma pessoa introspectiva, que gosta da solidão, de ficar em casa, dos desafios intelectuais, do convívio familiar. Ela diz não saber lidar com a visibilidade nem com o aplauso. Em 2016 ela teve um AVC, quando enfim parou de fumar. Em 2017, uma meningite. Sueli tem feito balanços de vida, e em alguns momentos sente que fez o que deveria ter feito. Que foi e continua sendo muito cuidada e abençoada por seu santo, todos os deuses e orixás. Está tudo certo.

Em 2 abril de 2013 foi promulgada a PEC das domésticas, e testemunhamos surtos da classe média escravocrata. Dois meses depois, as Jornadas de Junho imprimiram uma mudança no cenário político que ainda não temos condição de compreender em sua totalidade. E depois das eleições polarizadas em 2014, um golpe de Estado depôs Dilma Rousseff, em 2016. Todo aquele verde e amarelo nas ruas clamando por conservadorismo e retrocessos deprimiu Sueli Carneiro. Ela teve a certeza de que sua geração deixou de ver e fazer coisas importantes, uma vez que a situação chegou àquele ponto.

Depois de vencer a ditadura militar, de estabelecer uma agenda inclusiva, emancipatória, reparatória, de imaginar um país em que democracia racial não fosse mito e pudesse se tornar realidade, estamos em meio a um cenário de desalento que ainda não conhecemos, de absoluta radicalização.

As ações realizadas pelos movimentos negros nessas últimas quatro décadas procuraram desmistificar a democracia racial e formular propostas de correção das desigualdades promovidas pelo racismo e pela discriminação de base racial. Não sabíamos que tais propostas também estimulariam a hegemonia branca a assumir seu racismo, sair em defesa de seus privilégios, manifestar toda a crueldade que a caracteriza. A luta pelas cotas raciais para negros na universidade é um paradigma: tirou os brancos da zona de conforto, o racismo se manifestou com toda a sua truculência.

Sueli lembra de ter ouvido de Ivanir dos Santos certa vez que sua geração seria lembrada como a geração das cotas. O legado seria esse, é a ação mais concreta, extremamente significativa, que diferencia sua geração da anterior. O combate ideológico é mais difícil de compreender, mas as cotas puseram alunos pretos dentro da universidade. "Mesmo que as novas gerações considerem o movimento negro uma merda, [elas estão] na universidade porque nós garantimos. Os pretos estão nas novelas da Globo porque fizemos a disputa."

Mas o risco de retrocessos ronda também as políticas de cotas e a própria universidade. E isso vai exigir muita luta e organização. "O que eu tenho dito aos jovens ativistas que estão chegando, e felizmente são muitos, é que terão de enfrentar a dimensão mais cruel dessa luta. Porque as relações raciais já não estão mais protegidas pela etiqueta que as governou", diz Sueli.

O agravamento de um racismo cada dia mais explícito e violento vai exigir novas propostas de organização política para o enfrentamento. Sinal mais eloquente desse acirramento são os índices de morte: 63 jovens negros são assassinados no Brasil todos os dias. É uma juventude sob ameaça.

A boa notícia é que nenhum outro movimento social se renova tanto quanto o movimento negro. Nunca tivemos um ativismo tão vibrante e tão capaz de vocalização como neste momento. "Até uma década atrás, nós, as velhas feministas, nos reuníamos e perguntávamos onde estavam as jovens", disse Sueli Carneiro. No ano 2000, no artigo "Tempo feminino"[1] ela oferecia o bastão às meninas para que elas travassem o bom combate pelas causas mais justas da humanidade.

Naquele momento, ela não sabia a quem entregar. Hoje são inúmeras as jovens que têm aceitado o bastão.

Sobre este livro

A primeira vez em que estive frente a frente com Sueli Carneiro, apenas nós duas, foi em 12 de abril de 2017, às duas da tarde, na sede do Geledés, no centro de São Paulo. Ali registramos as perguntas e respostas publicadas na edição 223, de maio de 2017, da revista *Cult*. Na ocasião, também acompanhei a sessão de fotografias clicadas por Marcus Steinmeyer, para o miolo e a capa da revista. Logo de cara, a chamada de capa "Raça, estrutura, classe no Brasil", proposta pelos editores Welington Andrade e Amanda Massuela, deu o tom da conversa. A entrevista é o trabalho de que mais me orgulho de ter feito como jornalista. E, diante da repercussão, me parece também ter sido minha produção mais relevante.

Daysi Bregantini, diretora da revista, propôs que fizéssemos um lançamento no Espaço Cult, que naquele momento ficava na rua Aspicuelta. Eu nunca tinha ouvido falar em lançamento de revista, mas ter outra oportunidade de encontro com Sueli Carneiro me pareceu motivo suficiente para convencê-la. "Bianca você já está abusando de mim rsrsrsrsrsrs. Como diria minha mãe, a gente dá o pé e já quer a mão, rsrsrs. O.k., mas eu gostaria que fosse algo bem informal, gostoso e descontraído", respondeu Sueli ao meu convite. Rosane Borges, que escreveu o livro *Sueli Carneiro*, da coleção Retratos do Brasil Negro, publicada pela Selo Negro, estaria conosco, mas não conseguiu adiar um voo para São Luís, sob o risco de não chegar a tempo de abrir a Semana de Ciências Sociais da Universidade Federal do Maranhão. Quanta gente preta reunida naquele 23 de maio! Suspeito que apenas nos ensaios antigos da escola de samba Pérola Negra a Vila Madalena ficasse tão negra. Como havia muitas pessoas sem ter onde sentar, abri mão da minha cadeira ao lado de Sueli e me acomodei no chão, de onde segui a conversa com ela. Foi assim, em posição de aprendiz — ainda que literalmente não tenha me sentado no chão o tempo todo —, que gravei cerca de 160 horas de entrevistas entre 2018 e 2019, a base deste livro.

Sueli Carneiro enegreceu o feminismo no Brasil. E também fez das mulheres as protagonistas do movimento negro. Não sozinha, é evidente. As estratégias coletivas de luta marcaram — e ainda marcam — sua reconhecida atuação política. Ela desagregou dados de raça, classe e gênero, ainda na década de 1980, para mostrar o sofisma da ideia de uma mulher universal e abrir possibilidades para a estruturação de políticas públicas específicas. Também apontou caminhos para que o sujeito político mulher negra se organizasse de forma autônoma, apoiado na memória ancestral africana e afro-brasileira. Inspirou o feminismo latino-americano a expurgar visões coloniais ou estereotipadas sobre as mulheres e sobre a política, e também o feminismo negro norte-americano.

Pautou o racismo na agenda pública, quando persistia um pacto de silêncio e negação que sustentava a falácia da democracia racial. Botou a luta antirracista como prioridade na defesa dos direitos humanos, e por isso foi premiada nacional e internacionalmente. Contribuiu com a criação de mecanismos internacionais para que os estados adotassem medidas para eliminar violências raciais e de gênero, além de desigualdades no acesso à educação, saúde, trabalho, moradia, cultura, tecnologia, comunicação. Denunciou o neoliberalismo. Participou do projeto e da implementação de políticas públicas de enfrentamento ao racismo e ao sexismo: delegacias especializadas, apoio jurídico gratuito a vítimas, projetos pilotos de ação afirmativa, cotas raciais nas universidades públicas. Por meio do ativismo, Sueli Carneiro tem travado batalhas contra opressões há quarenta anos. Escrita, academia e intelectualidade foram apoios para qualificar a luta política. Entre um combate e outro, "comeu um pouquinho, bebeu um pouquinho, namorou um pouquinho", como me disse uma vez.

Desde a primeira entrevista, em 2017, eu já sabia da grandeza da ativista, mesmo que não tivesse detalhes de sua história. Desde a primeira entrevista, estive nervosa a cada encontro — fenômeno comum nas descrições de interações com ela. Por vezes, durante a elaboração deste livro, me perguntei por que fui tão audaciosa, e ao mesmo tempo ingênua, para assumir que poderia escrever uma biografia de Sueli Carneiro. E até hoje não sei dizer com certeza como foi que aconteceu.

Depois da entrevista para a *Cult*, muitas pessoas, em contextos bem diferentes, passaram a me perguntar se eu não tinha pensado em escrever uma biografia. Rita Mattar, editora na Companhia das Letras à época, com quem eu havia combinado a escrita de outro livro, trouxe a ideia de uma publicação com reflexões de Sueli Carneiro ou um diálogo entre nós duas. Era março de 2018. E então fomos atravessadas pelo assassinato de Marielle Franco e Anderson Gomes. Passei semanas sem conseguir trabalhar, num luto que era também tomada de consciência do período que estamos vivendo e das novas dinâmicas que assombram as relações de raça, gênero, política, milícia, fundamentalismos, desinformação intencional, produção da morte de indesejáveis. Doeu, e dói muito ainda, nas mulheres negras da minha geração. E seguimos perguntando quem mandou matar Marielle.

Naqueles dias em que quase nada fazia sentido, contar histórias de mulheres negras me parecia uma possibilidade de preparar caminhos futuros. Mas o que Sueli Carneiro acharia disso? Na manhã de 24 de março de 2018, fui à casa dela pela primeira vez. Depois de horas de conversa, perguntei: "Você quer que eu escreva esse livro?". Sua resposta foi inequívoca: "Você quer escrever esse livro?". Era das pouquíssimas coisas que eu queria. Talvez a única que trouxesse sentido àqueles dias.

Procurei Iara Rolnik, com quem havia conversado algumas vezes e que estava estruturando com André Degenszajn o Instituto Ibirapitanga, e perguntei da possibilidade de receber suporte financeiro para me dedicar ao projeto. Durante cinco meses, recebi uma bolsa que me permitiu arcar com custos de viagem, pagar transcrições das gravações e, sobretudo, dedicar horas de trabalho a este livro.

Pouco tempo depois, Ricardo Teperman passou a ser o editor responsável pelo projeto. Em nossa primeira reunião, conversamos sobre formatos possíveis para o livro. Eu estava convencida de seguir a trilha de Cuti em ... *e disse o velho militante José Correia Leite* e Alex Haley na autobiografia de Malcolm X, gravando e transcrevendo entrevistas, ou então me espelhar no trabalho de Éle Semog, ao registrar a voz de Abdias do Nascimento contando sua história de vida e acrescentar suas próprias percepções. Combinamos, Sueli, Ricardo e eu, uma escrita em primeira pessoa, assinada "Sueli Carneiro, com Bianca Santana".

Mas as técnicas do jornalismo estão mais enfronhadas em mim do que eu imaginava. Em vez de ouvir, transcrever e editar versões de Sueli Carneiro sobre sua história de vida, registrei e conferi minhas impressões; pesquisei no acervo pessoal de Sueli e no arquivo do Geledés — Instituto da Mulher Negra (ambos estão em processo de organização e classificação, o que certamente revelará outros documentos que posso ter negligenciado); coletei depoimentos de outras 27 pessoas, a quem agradeço: os Carneiro Nadir, Solange, Geraldo, Solimar, Celmo, Gersio, Suelaine e Priscilla; Silvia de Campos Barbosa Jerônimo; Maurice Jacoel; Luanda Carneiro Jacoel; Sônia Nascimento; Nilza Iraci; Cidinha da Silva; Rafael Pinto; Regina Adami; Edson Cardoso; Jurema Werneck; Lúcia Xavier; Jacqueline Pitanguy; Maria Lucia Fer Farias; Denise Dora; Lara Dee; Ivana Parrela; José do Carmo Araújo e os demais Carneiro, Helder e Fernanda.

Realizei entrevistas ou pesquisa documental em oito cidades, além da capital paulista: Rio de Janeiro, Salvador, Brasília; Guidoval, Rodeiro e Ubá, em Minas Gerais; São José dos Campos, em São Paulo; e Oslo, na Noruega.

Cheguei a escrever mais de uma centena de páginas em primeira pessoa, numa voz que seria a de Sueli, mas já não era ela: eram mosaicos que montei a partir das preciosidades que ouvi, dela e de outras pessoas. Era preciso, então, narrar em terceira pessoa. Assim o fiz.

Mas, depois das leituras e correções propostas pela própria Sueli, suas irmãs Solimar e Suelaine, sua filha Luanda, seu amigo e ex-marido Maurice e a professora do Departamento de Sociologia da FFLCH-USP, Marcia Lima, ficou evidente que faltava a minha voz. Eu precisava me colocar como narradora. Apesar dos medos.

Agradecimentos

Adriana Quedas, Analu Muniz e Letícia Canonico, pelas transcrições infinitas.

Marcia Lima, Solimar e Suelaine Carneiro, Luanda e Maurice Jacoel, pela leitura crítica.

Fernanda e Helder Carneiro, José do Carmo Araújo, Ivana Parrela e Jean Camoleze, pelas aulas sobre Minas Gerais e pesquisa em arquivos.

Joana Andrade, Norma Haru e Adriane Freitag, pelo apoio à pesquisa na Biblioteca Mário de Andrade.

A quem abriu as portas, a agenda e flexibilizou prazos para a consulta de documentos históricos: Carmen Regina Gervone, professora da Escola Guilherme Kuhlmann; Pergeane Sheila, da Paróquia São Sebastião, de Rodeiro (MG); Igor, da Paróquia São Januário, de Ubá (MG); Marta, da Paróquia Sant'Anna, de Guidoval (MG); Nair Pascoal, do Arquivo Histórico de Ubá; Michele Silva, Josiane Coelho e Renato David, do cartório de Ubá; Adjalmo, do cartório de Rodeiro; Michele e Ruth, do cartório de Guidoval.

Cidinha da Silva, Nilza Iraci, Regina Adami, Lúcia Xavier, Jurema Werneck, Edson Cardoso, Rafael Pinto, Thânia Pereira Teixeira de Carvalho Cardin, Inês Castilho, Maria Lúcia da Silveira, Tica Moreno, Matilde Ribeiro, André Augusto Bezerra e Marcos José Vicente de Azevedo, pela ajuda na pesquisa.

Nadir, Geraldo, Solange, Solimar, Suelaine, Celmo, Gersio Carneiro, Izilda, Priscilla, Luanda, Natália e toda a família Carneiro
Maurice Jacoel
Sônia Maria Nascimento, Maria Sylvia Oliveira, Erica Nascimento, Ana Carolina dos Santos Ahó, do Geledés
Iara Rolnik, Andre Degenszajn e equipe do Instituto Ibirapitanga
Sérgio Amadeu, Lucas, Pedro, Cecília e Bruna da Silveira
Maria de Jesus Pereira Santana
Rita Mattar e Sofia Mariutti
Cássia Carolina Pereira Araújo Silva
Marco Antonio Almeida e o Practic — Grupo de Estudos de Práticas Culturais e Tecnologias de Informação e Comunicação
Marcia Lima e o Grupo de Estudos Raça, Desigualdade e Política
Maitê Freitas, Chris Gome e Sandra Silva
Lia Rangel (in memoriam) e Rodrigo Savazoni
Vanessa Nascimento, Mariana Belmont, Selma Dealdina, Valerya Borges, Catia Cipriano, Luana Vieira, Thais Santos, Fabiola Carvalho, Beatriz Lourenço, Dalva Santos, Patricia Firmino, Sheila de Carvalho e Douglas Belchior
Aline Godoy Vieira, Daniela Silva, Georgia Nicolau, Ester Rizzi, Debora Pivotto, Marina Terra, Maria Brant e Itamar Cardin
Anielle Franco e Marielle Franco (in memoriam)
Pedro Carvalho

Gláucia Colebrusco, Josiane Zarouk, Luciana César Guimarães, André Augusto Bezerra, Daniel de Bonis, Marcos José Vicente de Azevedo

Mazé Cintra, Teresa Teles, Beth Beli, Nega Duda e companheiras de Ilú Obá de Min

Julia Codo, Maria Lúcia e Maria José da Silveira

Notas

PRÓLOGO [pp.11-3]

1. Três edições de 1982 do jornal *Mulherio* tratam do Tribunal Bertha Lutz. A primeira, publicada em janeiro/fevereiro, tem uma página dedicada a apresentar o projeto do tribunal e a biografia de Bertha (disponível em: <http://www.fcc.org.br/conteudosespeciais/mulherio/arquivo/II_5_1982menor.pdf>, acesso em: 13 jan. 2021). A segunda, de maio/junho, apresenta um texto de convite e a programação do evento em uma coluna (disponível em: <http://www.fcc.org.br/conteudosespeciais/mulherio/arquivo/II_7_1982menor.pdf>, acesso em: 13 jan. 2021). A terceira, de julho/agosto, traz duas páginas com uma reportagem sobre o tribunal, composta por relatos, depoimentos e fotografias (disponível em: <http://www.fcc.org.br/conteudosespeciais/mulherio/arquivo/II_8_1982menor.pdf>, acesso em: 13 jan. 2021).

2. Abdias do Nascimento, em coautoria com Ele Semog, publicou sua biografia, chamada *O griot e as muralhas* (São Paulo: Pallas, 2006). Sueli Carneiro escreveu a orelha do livro.

3. Sobre a história do movimento negro, ver: Verena Alberti; Amilcar Araujo Pereira (Orgs.). *Histórias do movimento negro no Brasil: Depoimentos ao CPDOC*. Rio de Janeiro: Pallas; CPDOC-FGV, 2007; Flavia Mateus Rios, *Elite política negra no Brasil: Relação entre movimento social, partidos políticos e Estado*. São Paulo: FFLCH-USP, 2014. 247 pp. Tese (Doutorado em Sociologia).

4. Abdias Nascimento, *O genocídio do negro brasileiro: Processo de um racismo mascarado*. São Paulo: Perspectiva, 2016.

PARTE I: ESCAVAÇÃO

1. DOCUMENTOS DOS ANTEPASSADOS [pp.17-22]

1. Sueli Carneiro costuma apresentar mãe e pai dessa forma, conforme se pode ver também no livro *Sueli Carneiro*, de Rosane da Silva Borges, publicado na coleção Retratos do Brasil Negro (São Paulo: Selo Negro, 2009).

2. Sueli Carneiro, *A construção do outro como não-ser como fundamento do ser*. São Paulo: FE-USP, 2005. 339 pp. Tese (Doutorado em Educação).

3. "A destruição dos documentos sobre a escravidão". *O Estado de S. Paulo*, 19 dez. 1890. Acervo. Disponível em: <http://m.acervo.estadao.com.br/noticias/acervo,a-destruicao-dos-documentos-sobre-a-escravidao-,11840,0.htm>. Acesso em: 13 jan. 2021.

4. A pesquisa de documentos realizada em Ubá e nas cidades vizinhas está relatada em "Sobre este livro".

5. O registro de batismo da bisavó de Sueli Carneiro foi encontrado graças ao esforço da historiadora Ivana Parrela, professora da Universidade Federal de Minas Gerais e pesquisadora dos arquivos de Grão Mogol há mais de vinte anos.

2. DO DIAMANTE AO CAFÉ [pp. 23-7]

1. Para saber mais sobre Grão Mogol, consultar: Ivana Parrela, *O teatro das desordens: Garimpo, contrabando e violência no sertão diamantino 1768--1800*. São Paulo: Annablume, 2009.

2. Dados reunidos em: Angelo Alves Carrara, *Estruturas agrárias e capitalismo: Ocupação do solo e transformação do trabalho na Zona da Mata central de Minas Gerais (séculos XVIII e XIX)*. Ouro Preto: Editora Ufop, 1999.

3. Sobre a legitimidade de filhos nas Ordenações Filipinas e no Brasil, ver: Washington de Barros Monteiro, *Curso de direito civil*. São Paulo: Saraiva, 1999. v. 2: Direito de família; *O Direito. Revista de Legislação, Doutrina e Jurisprudência*, Rio de Janeiro, ano II, v. 3, pp. 257-71, 1874. Disponível em: <https://sistemas.stf.jus.br/dspace/xmlui/handle/123456789/273>. Acesso em: 27 jan. 2021.

4. José Correia Leite; Cuti, ... *E disse o velho militante José Correia Leite.* São Paulo: Secretaria Municipal de Cultura, 1992.

5. Conforme trechos de *Os índios de São Januário de Ubá, 1690-1990*, de Palmyos Paixão Carneiro (Belo Horizonte: UFMG, 1990), compartilhados pela pesquisadora Fernanda Carneiro.

6. Palmyos Paixão Carneiro, *Os índios de São Januário de Ubá, 1690- -1990.* Belo Horizonte: UFMG, 1990.

7. Foi uma surpresa descobrir que Honório Januário Carneiro era bisavô de Fernanda Carneiro, pesquisadora feminista de quem Sueli Carneiro é amiga há anos. Por recomendação de Sueli, que não havia atentado para o fato de a amiga ser de Ubá, Fernanda foi a primeira pessoa que procurei para conversar sobre as origens dos Carneiro de Minas Gerais. A pesquisadora conta que Honório, seu bisavô, tinha uma loja de chapéus no centro da cidade e era reconhecido pela bondade e honestidade. O que não o teria impedido de honrar a tradição familiar, ou melhor, nacional, de gerar filhos bastardos em mulheres negras. Ao ler o esboço deste livro, Fernanda salientou a importância de mencionar a existência de famílias constituídas por homens brancos e mulheres negras, ligadas por laços afetivos. José do Carmo de Araújo, especialista em história da África, tradições mineiras e a presença negra na Zona da Mata, ressaltou que quando um homem branco de família tradicional tinha filhos fora do casamento, principalmente crianças negras, era comum que apadrinhasse o bastardo ou fosse testemunha de seu nascimento, justificando assim o vínculo que mantinha com a criança.

3. JOSÉ HORÁCIO[pp. 28-30]

1. Carlos Eduardo Coutinho da Costa, "Migrações negras no pós-abolição do Sudeste cafeeiro (1888-1940)". *Topoi*, v. 16, n. 30, pp. 101-126, jan.-jun. 2015. Disponível em: <http://www.scielo.br/scielo.php?script=sci_arttext&pid=S2237- -101X2015000100101&lng=en&nrm=iso>. Acesso em: 13 jan. 2021.

2. Glaucia Cristina Candian Fraccaro, *Morigerados e revoltados: Trabalho e organização de ferroviários da Central do Brasil e da Leopoldina (1889- -1920)*. Campinas: IFCH-Unicamp, 2008. 134 pp. Dissertação (Mestrado em História); Marco Henrique Zambello, *Ferrovia e memória: Estudo sobre o trabalho e a categoria dos antigos ferroviários da Vila Industrial de Campinas.* São Paulo: FFLCH-USP, 2005. 368 pp. Dissertação (Mestrado em Sociologia).

4. EVA [pp. 31-7]

1. Sobre a presença negra em Campinas no pós-abolição, ver: Cleber da Silva Maciel, *Discriminações raciais: Negros em Campinas (1888-1926): Alguns aspectos*. Campinas: IFCH-Unicamp, 1985. 199 pp. Dissertação (Mestrado em História). 2. Maurício Puls, "A intelectualidade negra do Império". *Pesquisa Fapesp*, n. 249, nov. 2016. 3. Sueli Carneiro, "Gênero, raça e ascensão social". *Estudos Feministas*, v. 3, n. 2, 1995. Disponível em: <https://periodicos.ufsc.br/index.php/ref/article/viewFile/16472/15042>. Acesso em: 13 jan. 2021. 4. Sobre o footing e a sociabilidade negra do período, ver: Fabia Barbosa Ribeiro, "Vivências negras na cidade de São Paulo: Entre territórios de exclusão e sociabilidade". *Projeto História: Revista do Programa de Estudos Pós-Graduados de História*, v. 57, 2016. Disponível em: <https://revistas.pucsp.br/index.php/revph/article/view/29730>. Acesso em: 13 jan. 2021.

5. FILHA ÚNICA NA LAPA DE BAIXO [pp. 38-40]

1. Sobre o mal de simioto, ver: Bruna Benetti Gampert et al., "Mal de simioto, doença do macaco, desnutrição, medicina tradicional, medicina alternativa". *Seminário de Iniciação Científica do Univag*, n. 6, 2018.

6. COMUNIDADE OPERÁRIA E CONSCIÊNCIA RACIAL NA BONILHA [pp. 41-5]

1. Murilo Leal Pereira Neto, "A fábrica, o sindicato, o bairro e a política: a 'reinvenção' da classe trabalhadora de São Paulo (1951-1964)". *Mundos do Trabalho*, v. 1, n. 1, p. 227, jan.-jun. 2009. Disponível em: <https://edisciplinas.usp.br/pluginfile.php/159238/mod_resource/content/1/Leal_Reinvencao_Sao%20Paulo.pdf>. Acesso em: 13 jan. 2021.

8. A DUREZA DOS DIAS [pp.48-50]

1. Sobre a inefetividade da Lei Maria da Penha para mulheres negras, ver: Márcia Nina Bernardes, "Questões de raça na luta contra a violência de

gênero: Processos de subalternização em torno da Lei Maria da Penha". *Direito GV*, v. 16, n. 3, 2020. Disponível em: <https://www.scielo.br/scielo.php?pid= S1808-24322020000300200&script=sci_arttext>. Acesso em: 15 jan. 2021.

20. PARTE II: MOVIMENTO

MOVIMENTO NEGRO [pp. 94-9]

1. Sobre a fundação do MNU e a história do movimento negro contemporâneo, ver: Verena Alberti e Amilcar Araujo Pereira (Orgs.). *Histórias do movimento negro no Brasil: Depoimentos ao CPDOC*, op. cit.

23. LUANDA, A PRENDA [pp.105-7]

1. Sueli Carneiro, "Negros de pele clara". *Racismo, sexismo e desigualdade no Brasil*. São Paulo: Selo Negro, 2011. Publicado originalmente no *Correio Braziliense*.

PARTE III: DISPUTA

26. DUAS TENTATIVAS DE MESTRADO [pp. 115-9]

1. O fluxograma, de 1984, está integralmente reproduzido nas primeiras páginas da tese de Sueli: A *construção do outro como não-ser como fundamento do ser*, op. cit.

27. BUSCA POR SUSTENTAÇÃO [pp. 120-3]

1. Sueli Carneiro e Cristiane Cury, "Poder feminino no culto aos orixás". In: Elisa Larkin Nascimento (Org.), *Guerreiras de natureza: Mulher negra, religiosidade e ambiente*. São Paulo: Selo Negro, 2008.

2. Ibid.

29. CONSELHO ESTADUAL DA CONDIÇÃO FEMININA [pp. 126-34]

1. As representantes da sociedade civil eram: Eva Alterman Blay, Heleieth Saffioti, Maria Malta Campos, Iara Prado, Ruth Cardoso, Zuleika Alambert, Marise Egger-Moellwald, Maria de Lourdes Rodrigues e Lygia Fagundes Telles. As suplentes: Zulaiê Cobra Ribeiro, Elza Berquó, Alda Marco Antônio, Lucia Amaral, Elizabeth Vargas, Fúlvia Rosemberg, Elisabeth Bello de Araujo, Benedicta Savi e Margareth Martha Arilha.

2. Thereza Santos, *Malunga Thereza Santos: A história de vida de uma guerreira*. São Carlos: Edufscar, 2008.

3. Sobre as mulheres negras no Conselho Estadual da Condição Feminina, ver: Tauana Olivia Gomes Silva e Cristina Scheibe Wolff, "O protagonismo das mulheres negras no Conselho Estadual da Condição Feminina de São Paulo (1983-1988)". *Cadernos Pagu*, n. 55, 2019.

31. CONSELHO NACIONAL DOS DIREITOS DA MULHER [pp. 137-43]

1. Jacqueline Pitanguy, "Mulheres, constituinte e Constituição". In: Maria Aparecida Abreu (Org.), *Redistribuição, reconhecimento e representação: Diálogos sobre igualdade de gênero*. Brasília: Ipea, 2011.Disponível em: <https://www.ipea.gov.br/portal/images/stories/PDFs/livros/livros/livro_redistreco nhecimento.pdf>. Acesso em: 13 jan. 2021.

2. Sobre o movimento negro na constituinte, ver: Natália Neris, *A voz e a palavra do movimento negro na Constituinte de 1988*. Belo Horizonte: Letramento, 2018.

36. RACISMO: CRIME INAFIANÇÁVEL E IMPRESCRITÍVEL [pp. 161-3]

1. Sueli Carneiro, "Viva a Constituição cidadã". In: _____, *Escritos de uma vida*. São Paulo: Pólen, 2019.

2. Ibid.

37. PROGRAMA DE DIREITOS HUMANOS/ SOS RACISMO [pp. 164-72]

1. Faziam parte da equipe: a socióloga Adriana Gragnani; os advogados Antonio Carlos Arruda da Silva — responsável pelo serviço e um dos fundado-

res do Grupo Negro da PUC —, Sérgio Moreira da Costa, Maria Aparecida de Alvarenga, Leila M. Vieira de Paula, Isabel Bonfim, Norma Kyriakos e Angélica de Maria Mello de Almeida — alguns no atendimento direto, outros como consultores; a secretária Mirian de Fátima Alvarenga e as assistentes técnicas Deise Benedito, Irani Soares, Solimar Carneiro e Sônia Nascimento.

2. Sueli Carneiro, "Por um multiculturalismo democrático". In: Azoilda Loreto da Trindade (Org.), *Africanidades brasileiras e educação: Salto para o futuro*. Rio de Janeiro: Acerp; Brasília: TV Escola, 2013.

3. Sueli Carneiro, "Debate: Não à pena de morte". *Cadernos Geledés*, n. III, 1991. Disponível em: <https://www.geledes.org.br/wp-content/uploads/2015/05/Nao-a-Pena-de-Morte.pdf>. Acesso em: 12 jan. 2021.

4. Ibid.

5. Sueli Carneiro, *A construção do outro como não-ser como fundamento do ser*, op. cit.

38. AMEAÇA SKINHEAD [pp. 173-5]

1. *Cadernos Geledés*, n. III, 1991. Disponível em: <https://www.geledes.org.br/wp-content/uploads/2015/05/Nao-a-Pena-de-Morte.pdf>. Acesso em: 12 jan. 2021.

2. Ibid.

3. O artigo completo está disponível em: <https://www.geledes.org.br/pelo-direito-de-ser/>. Acesso em: 13 jan. 2021.

PARTE IV: CENTRALIDADE

41. GELEDÉS DE MUITAS SOBERANAS [pp. 183-7]

1. Dois textos de Cidinha mostram sua profunda relação com Sueli: "O fogo tempera o aço, como o tempo tempera as gentes", 20 nov. 2012 (Disponível em: <https://cidinhadasilva.blogspot.com/2012/11/o-fogo-tempera-o-aco-como-o-tempo.html>, acesso em: 13 jan. 2021); "Geledés, 30 anos de história!", 3 maio 2018 (Disponível em: <https://www.geledes.org.br/geledes-30-anos-de--historia-por-cidinha-da-silva/>, acesso em: 13 jan. 2021).

2. Nilza Iraci coordena a comunicação, fazendo a ponte entre a representação política da instituição e as redes e fóruns feministas, sempre atenta a criar e gerir novos projetos. Mais recentemente, Suelaine Carneiro passou a coordenar o programa de educação, com projetos de formação de professoras

e professores, de ação afirmativa para jovens negros, além de representar o Geledés em inúmeros fóruns da sociedade civil. Solimar Carneiro coordenou projetos importantes da instituição, como o Geração XXI; representou Geledés em um conselho do Banco Interamericano de Desenvolvimento, o BID, e segue como coordenadora executiva da entidade. Érica Pereira, que chegou como *office girl* há mais de vinte anos, compõe a diretoria e é gerente administrativa da organização.

42. PROJETO RAPPERS E GERAÇÃO XXI [pp. 188-91]

1. Cabe registrar alguns dos nomes, como Tati Godoy, Marcelo Cavanha, Guiné, o cantor X, Markão da banda DMN, Sharylaine, Ivoo, L.F., DJ Slick, Lady Rap, Kall do Vale, Clodoaldo Arruda, além de outros já consagrados na época, como Rappin' Hood, Thaíde, DJ Hum e Mano Brown, que sempre estiveram por perto apoiando o projeto.

44. MANDELA [pp. 196-8]

1. Nelson Mandela, *Cartas da prisão*. Ed. de Sahm Venter. São Paulo: Todavia, 2018.

45. DIA INTERNACIONAL DA MULHER NEGRA LATINO-AMERICANA E CARIBENHA [pp. 199-201]

1. Marilise Luiza Martins dos Reis, "Vozes e políticas da diáspora na América-Latina e Caribe: a Red de Mujeres Afrolatinoamericanas, Afrocaribeñas y de la Diáspora como movimento transnacional afrodiaspórico". *Revista Brasileira do Caribe*, v. 11, n. 22, jan.-jun. 2011. Disponível em: <http://www. periodicoseletronicos.ufma.br/index.php/rbrascaribe/article/view/661>. Acesso em: 13 jan. 2021.

46. CONFERÊNCIAS DA ONU [pp. 202-7]

1. Arnaldo Xavier; Nilza Iraci da Silva, *Há um buraco negro entre a vida e a morte*. Rio de Janeiro: Geledés, Soweto, 1992.
2. Fátima Oliveira, "Um olhar feminista sobre o Cairo+ 10". In: *Dez*

anos do Cairo: Tendências da fecundidade e direitos reprodutivos no Brasil. Belo Horizonte: Abep, 2004. Disponível em: <http://www.abep.org.br/~abeporgb/publicacoes/index.php/livros/article/view/123>. Acesso em: 13 jan. 2021.

49. MARCHA ZUMBI DOS PALMARES CONTRA O RACISMO, PELA CIDADANIA E PELA VIDA [pp. 216-20]

1. O episódio está relatado em sua tese: Edson Lopes Cardoso, *Memória de movimento negro: Um testemunho sobre a formação do homem e do ativista contra o racismo.* São Paulo: FE-USP, 2014. 308 pp. Tese (Doutorado em Educação).

2. Brasil, Ministério da Justiça (MJ), Secretaria de Estado dos Direitos Humanos (SEDH), *Relatório do Grupo de Trabalho Interministerial População Negra.* Brasília, 1996.

51. DURBAN [pp. 226-31]

1. Essa edição da revista *Estudos Feministas* (v. 10, n. 1, jan. 2002) reuniu um dossiê sobre Durban. Com apresentação de Luiza Bairros, também inclui textos de Guacira Cesar de Oliveira & Wânia Sant'ana, Maylei Blackwell & Nadine Naber, Alzira Rufino, Kimberlé Crenshaw e Eliane Potiguara.

2. O documento contava com treze assinaturas: Geledés Instituto da Mulher Negra — Sueli Carneiro; Centro de Estudos de Relações do Trabalho e Desigualdades (Ceert) — Maria Aparecida Bento e Hédio Silva; Instituto Sindical Interamericano (Inspir) — Neide Fonseca; Comissão de Direitos Humanos da OAB Federal — Vera Araújo; Articulação Nacional de Remanescentes de Quilombos — Regina Adami; Coordenação Nacional de Entidades Negras (Conen) — Flávio Jorge; Sindicato Nacional dos Docentes das Instituições de Ensino Superior (Andes) — Lourdes Teodoro; Escritório Nacional Zumbi dos Palmares (ENZP), Ìrohìn — Edson Cardoso; Sindicato dos Advogados de São Paulo — Inácio Teixeira; Secretaria Municipal para Assuntos da Comunidade Negra de Belo Horizonte (Smacon) — Diva Moreira; Yalodê — Luiza Bairros; e o deputado federal pelo Mato Grosso do Sul, Bem-Hur.

3. Declaração e Programa de Ação da Conferência Mundial contra o Racismo, Discriminação Racial, Xenofobia e Intolerância Correlata, Durban, 31 ago.-8 set. 2001. Disponível em: <http://www.unfpa.org.br/Arquivos/declaracao_durban.pdf>. Acesso em: 13 jan. 2021.

53. DO DISPOSITIVO DE RACIALIDADE [pp. 234-40]

1. Nos moldes do que Deleuze havia dito ao próprio Foucault em 1972, conforme publicado em *Microfísica do poder* (Rio de Janeiro: Paz & Terra, 2014): "Uma teoria é como uma caixa de ferramentas. Nada tem a ver com o significante... É preciso que sirva, é preciso que funcione. E não para si mesma".

2. Achille Mbembe, *Necropolítica*. São Paulo: N-1, 2018.

55. NA NORUEGA, *KOSELIG* [pp. 243-6]

1. Em Sueli Carneiro, *Escritos de uma vida*, op. cit.

2. Sueli Carneiro, A *construção do outro como não-ser como fundamento do ser*, op. cit.

56. A CONSTITUCIONALIDADE DAS COTAS RACIAIS [pp. 247-51]

1. Sueli Carneiro, "Pela permanência das cotas raciais nas universidades brasileiras". Disponível em: <https://www.geledes.org.br/pela-permanencia-das-cotas-raciais-nas-universidades-brasileiras/>. Acesso em: 13 jan. 2021.

2. Ibid.

EPÍLOGO [pp. 255-9]

1. Em Sueli Carneiro, *Escritos de uma vida*, op. cit.

Créditos das imagens

pp. 1-5, 6 (abaixo), 7, 10, 11, 12 (abaixo), 14, 15 (abaixo) e 16: Acervo pessoal de Sueli Carneiro

pp. 6 (acima), 9, 12 (acima) e 13 (abaixo): Claudia Ferreira

p. 8: Acervo CNDM/www.memoriaemovimentossociais.com.br

p. 13 (acima): Nelson Jr./ SCO/ STF

p. 15 (acima): Josemar Afrovulto

ESTA OBRA FOI COMPOSTA EM ELECTRA PELO ESTÚDIO O.L.M./ FLAVIO PERALTA E IMPRESSA EM OFSETE PELA GRÁFICA LIS SOBRE PAPEL PÓLEN SOFT DA SUZANO S.A. PARA A EDITORA SCHWARCZ EM ABRIL DE 2021.

A marca FSC® é a garantia de que a madeira utilizada na fabricação do papel deste livro provém de florestas que foram gerenciadas de maneira ambientalmente correta, socialmente justa e economicamente viável, além de outras fontes de origem controlada.